I0616586

Porteurs d'espoir

Par l'auteure du bestseller
Apprendre à s'aimer,
un jour à la fois

Et de

À: *MOI* De: *MOI!*

Diane Gagnon

Titre original
Porteurs d'espoir

Copyright © 2017 Diane Gagnon
1ère édition : 1er septembre 2017

ISBN : 978-2-9815126-7-3

Dépôt légal – Bibliothèque et Archives nationales du Québec, septembre 2017

Illustration de couverture
Richard Ouellet

Mise en page
Francine St-Pierre

Québec

Courriel : *diane@dianegagnon.com*
Site Internet : *www.dianegagnon.com*
Facebook : *www.facebook.com/DianeGagnon.Auteur.Coach*

À mes fils Olivier et Samuel,
Qui faites de moi une meilleure personne,
je vous aime à l'infini.

À ma famille, mes amies, amis et
À mes lecteurs et lectrices du monde entier :

Merci d'être dans ma vie.

Porteurs d'espoir

On dit souvent que l'espoir fait vivre !

Mais l'espoir ne doit pas non plus nous couper de la réalité. Il doit plutôt être un élan qui nous propulse à l'action pour que les choses changent et non une baguette magique que l'on agite avec des attentes irréalistes.

Perdre espoir est sans doute l'une des pires tragédies que nous puissions nous faire vivre. Car lorsqu'il n'y a plus d'espoir, que nous reste-t-il ? L'ironie ? Le désarroi ? Les désillusions ?

Bien entendu, nous sommes déçus à plusieurs reprises au cours de notre vie. Déçus par les autres, par la vie, par les circonstances, par nous, même ! Lorsque nous ne sommes pas à la hauteur, lorsque les autres ne répondent pas à nos attentes, lorsque la Vie ne nous offre pas ce que nous désirons tant, nous sommes déçus. Lorsque notre nouvel Amoureux s'avère une personne toxique, lorsque l'emploi tant rêvé n'est pas du tout ce que nous espérions, lorsque la vie rêvée que nous avions imaginée n'est qu'un entassement d'obligations, de responsabilités, de travail et de choix difficiles, nous sommes désillusionnés. Parfois, l'accumulation de ces déceptions et de ces désillusions nous amènent proches de l'abîme. L'espoir constitue alors le mince fil qui nous empêche de tomber.

Il faut nourrir notre espoir, de toutes les façons possibles. Car l'espoir ne s'offre pas en cadeau. Même si les autres cherchent à nous redonner espoir, il n'y a que nous qui pouvons le raviver en nous, qui pouvons le maintenir vivant et fort.

Pour raviver ou maintenir notre espoir, il faut avoir une Foi inébranlable en la Vie elle-même. La puissance et la sagesse de la Vie nous amènent inexorablement et exactement là où nous devons être en ce moment. La Vie sait toujours mieux que nous ce dont nous avons besoin.

Pour maintenir vivant notre espoir, nous devons accueillir ce que la Vie nous offre comme autant d'expériences qu'il nous faut traverser pour devenir plus sages, plus aimants, plus forts. Rien ne nous arrive pour rien. En fait les choses ne nous arrivent pas « À » nous mais bien « POUR » nous.

Dans ce sens, tous les événements, les bonheurs et les drames de notre vie ont leur utilité pour notre évolution. Tous ce que nous vivons a sa raison d'être. Nous ne le comprenons pas toujours sur le champ mais si nous jetons un coup d'œil sur notre vie jusqu'ici, nous pouvons voir que chaque détour, chaque chagrin contenait un cadeau, une leçon, un apprentissage,

Chaque événement est **porteur d'espoir** en soi.

Trouver le cadeau dans chaque événement, c'est trouver l'espoir et la paix intérieure, celle qui nous permet de dire que nous avions sans doute besoin de ce cadeau mal emballé pour mieux nous comprendre, pour mieux nous aimer et mieux aimer les autres.

L'espoir ne descend pas sur nous un beau matin. C'est à nous qu'il revient de le garder vivant en étant ouverts au cadeau chaque fois qu'un défi se présente. C'est ça l'espoir : croire que tout nous est utile, que la vie prend soin de nous à sa façon et que rien ne nous est envoyé que nous ne puissions surmonter.

Sur le coup, nous pouvons trouver le défi trop grand et perdre espoir momentanément. Mais se raccrocher au cadeau caché dans l'épreuve demeure la façon la plus puissante de se raccrocher à l'espoir.

Faire vivre notre espoir, c'est aussi se tenir debout, ne pas s'écraser devant l'adversité. C'est cueillir chaque moment comme on cueille un bouquet de fleurs : avec soin, avec admiration devant la sagesse de la Vie.

Choisir de maintenir l'espoir, c'est choisir d'accueillir la Vie avec tout ce qu'elle nous propose.

J'ai vu tant de gens vivre des drames épouvantables et pourtant, vivre aujourd'hui des jours heureux et plus paisibles. Leur espoir s'est parfois atténué dans le passé au point d'être presqu'invisible, mais ils l'ont maintenu en vie quand même, par cette soif de vivre qui les animait, parfois malgré eux. Ce sont tous ces témoignages que l'on retrouve dans une émission de radio hebdomadaire que j'anime et qui s'intitule justement « Porteurs d'espoir » parce que nous sommes tous porteurs d'espoir pour les autres, même si nous n'en sommes pas toujours conscients.

Partager nos difficultés et la manière dont nous les avons surmontées sont des cadeaux que nous faisons aux autres car elles leur redonnent ainsi espoir en leurs propres capacités à surmonter leurs propres difficultés.

Prendre soin de soi, être bon pour soi, s'accorder du temps de qualité, prendre des moments de repos, de solitude, de recueillement nourrissent notre espoir sans que nous ayons à y mettre une intention particulière. Car l'espoir se nourrit de ces moments de connexion avec soi et avec la Vie.

En fait, à notre insu, nous vivons constamment dans l'espoir : personne ne peut nous garantir de quoi sera fait demain et pourtant nous faisons comme si demain était garanti : c'est ça l'espoir. C'est faire confiance à la Vie. C'est notre lien avec la Vie, avec la nature, avec Dieu, avec l'Univers. C'est « fonctionner » chaque jour, en faisant de notre mieux et en « espérant » continuer demain à faire ce que nous aimons le plus.

Et c'est aussi prendre notre vie en mains en prenant les décisions pour qu'elle soit meilleure, constamment.

C'est se faire suffisamment confiance pour choisir de poser les actions qui nous rapprocheront de nos rêves, de nos aspirations, et non d'espérer que tout se fera par magie. C'est mettre en place les bases de ce à quoi nous aspirons afin de favoriser la réalisation de ce en quoi nous croyons.

Car l'espoir, c'est aussi un verbe d'action : faire de meilleurs choix pour soi, c'est se donner les moyens de nourrir **concrètement** notre espoir. Il y a une part de divin dans notre espoir, mais il y a aussi notre part d'humain : celle qui veut, qui agit, qui croit et qui espère !

Ce livre vous offre des textes porteurs d'espoir pour vous, pour ceux et celles que vous aimez, pour ceux et celles que vous voulez aider.

Car nous pouvons tous devenir des porteurs d'espoir pour nous-mêmes et pour les autres.

Il n'y aura jamais trop d'espoir dans ce monde !

Semez l'espoir, vous récolterez la Vie!

Diane xx

La fin du monde

Nous avons parfois l'impression que ce qui nous arrive est la fin du monde, comme si la terre arrêtait de tourner et retenait son souffle le temps que nous surmontions cette nouvelle épreuve.

L'épreuve que l'un vit ne peut être comparée à celle d'un autre en termes de quantité de souffrance créée.

Chacun vit ses difficultés au meilleur de ses capacités.

Dire que nos souffrances sont plus importantes que celles d'une autre personne parce que nous jugeons son épreuve moins grave que la nôtre relève de l'égo, d'un manque d'Amour et de notre tendance inconsciente à savourer une position de victime, de temps à autre.

Pour certains, la fin du monde peut être le décès d'un proche ; pour d'autres, cela peut être la perte d'un emploi.

Qui sommes-nous pour juger de la souffrance d'autrui ?

Quand nous sommes dans la souffrance, nous ne voulons pas entendre dire par un ami que c'est bien pire dans son cas. Nous voulons seulement être entendus et réconfortés.

Les autres aussi, lorsqu'ils vivent des situations difficiles, veulent seulement être consolés et réconfortés : ils ne veulent pas savoir si nous avons vécu pire ou la même chose. Leur souffrance est importante pour eux à ce moment précis. L'Amour que nous pouvons leur offrir est la seule chose qui compte.

Toutefois, aucune de nos souffrances, ni celle des autres, n'est la fin du monde. Malgré la douleur que nous pouvons éprouver devant une épreuve particulièrement difficile, nous finirons bien par la surmonter, nous passerons à travers et nous en guérirons. Même si le chemin semble long et pénible.

Quoi que nous vivions, ce n'est jamais la fin du monde. Ce n'est qu'une éclipse dans notre ciel.

Souvenons-nous en au prochain passage difficile.

La dépendance affective

La dépendance affective est l'un des pires obstacles pour toute relation saine. Pour détruire une relation, laissons la dépendance affective en prendre le contrôle ! Et celle-ci a de fortes chances de nous gâcher la vie. La nôtre et celle de l'autre.

Comment expliquer alors que nous restions parfois si longtemps dans une relation malsaine ? Malgré les difficultés, les souffrances et l'absence de bonheur, nous résistons quand même à mettre fin à une relation toxique, croyant, souvent à tort, que la relation finira par s'améliorer.

Une relation toxique ne se détoxifie jamais d'elle-même !

Malgré les conseils de ceux qui nous aiment, nous résistons à l'idée de mettre fin à ce qui nous détruit, espérant toujours un miracle, prenant la défense de la relation ou de l'autre partie en justifiant ses écarts de comportements ou de langage. Nous avons parfois tendance à trouver des excuses à l'autre, même si celui-ci ne nous présente pas ses excuses !

L'être humain est ainsi fait qu'il a fortement tendance à défendre ceux de qui il est dépendant.

Peu importe la nature de la relation, qu'elle soit saine ou pas, lorsque nous sommes dépendants d'une personne ou d'une situation, nous nous y accrochons et la défendons afin de ne pas, croyons-nous, être anéantis si elle prenait fin. Comme si notre existence dépendait de cette relation ou de cette situation.

Et pourtant, il n'en est rien. En nous affranchissant d'une relation dépendante, nous ne mourrons pas. Au contraire, nous commencerons à vivre !

Notre rôle dans notre cheminement de vie est justement de nous libérer de nos dépendances, pour ne plus vivre par procuration, à travers les autres, mais pour vivre pleinement par nous-mêmes, pour nous-mêmes.

C'est surtout la souffrance causée par les conséquences de notre dépendance affective qui aiguisera notre volonté à cesser d'être dépendants. Nous pourrons ainsi mettre fin aux relations toxiques que nous gardions jusque-là dans notre vie par peur d'être seuls, par dépendance.

C'est en prenant soin de nous, en acceptant ce que nous sommes et en aimant chacune de nos zones d'ombre autant que celles de lumière que nous bâtirons suffisamment d'Amour de soi pour commencer à guérir de la dépendance affective.

Nous pouvons nous en sortir : c'est douloureux au début, mais beaucoup moins que d'y rester.

Faire confiance

Comment réapprendre à faire confiance après une trahison, après des déceptions à répétition, après un immense chagrin, après tant de solitude ?

Nous naissons confiants. La majorité des bébés viennent au monde en ayant peur de bien peu de choses. Ce sont les expériences vécues qui tissent les fils de nos peurs. Nos premières peurs sont souvent celles qui nous suivront toute notre vie. Sous différents visages, avec des personnages différents, mais toujours cette même peur.

Pourtant, les déceptions ou trahisons que nous avons vécues font toutes parties du passé. Les traîner dans notre présent et nous méfier des nouvelles personnes que nous rencontrons nous assurent d'une seule chose : aucune de nos nouvelles relations ne peut partir sur des bases solides si nous laissons la méfiance s'y installer !

À quoi nous sert de nous méfier de nos nouvelles rencontres ? Ce ne sont pas elles qui nous ont trahies ! Si nous abordons chaque nouvelle relation en faisant table rase de nos blessures antérieures en matière de confiance, nous lui donnons beaucoup plus de chances de réussir que si nous nous méfions.

Et si, d'aventure, il arrivait que nous soyons trahis, que nous nous soyons méfiés ou pas n'y changera rien. Faire confiance à la Vie, c'est savoir que quoi qu'il arrive, la Vie s'occupe de nous avec Amour.

Les synchronicités

La Vie saupoudre notre quotidien de petits moments magiques pour lesquels on a trouvé le merveilleux nom de synchronicité.

Tous ces petits « hasards », ces coïncidences, ces rencontres fortuites qui nous font faire WOW ! et qui nous laissent souvent sans voix.

Ces instants précieux où nous pensons à une personne et qu'elle nous appelle ou nous écrit au même moment.

Ce commentaire que nous nous apprêtons à faire et que quelqu'un d'autre exprime en même temps.

Une expérience difficile que nous vivons alors que nous tombons sur un article qui exprime exactement ce que nous ressentons.

Ces retrouvailles non orchestrées qui tombent pile au bon moment.

Ces discussions spontanées qui nous font réaliser certaines choses cruciales pour nous alors que nous sommes prêts à les entendre.

Tous ces événements, ces rencontres qui surgissent au moment où nous en avons précisément besoin et qui s'emboîtent l'un dans l'autre comme la résolution parfaite d'un casse-tête magique !

Ces synchronicités sont de magnifiques cadeaux de la Vie, des signes qu'elle met sur notre chemin pour nous indiquer la route à prendre, des baumes qu'elle nous offre gracieusement quand nous avons besoin de réconfort, des évidences de ce qui est plus grand que nous quand nous sommes sur le point de perdre foi en la Vie, en nous-même, parfois.

Au début, il faut parfois les chercher, y prêter attention, les dénicher dans la banalité apparente d'un événement. Mais plus nous sommes ouverts, plus nous constatons que ces synchronicités abondent et plus nous éprouvons de la gratitude envers l'immense générosité de la Vie.

Une grande preuve d'Amour

Une des plus grandes preuves d'Amour que nous puissions avoir envers autrui, c'est de le laisser faire ses propres erreurs.

Qu'il est difficile parfois de voir ceux qu'on aime faire des choix qui semblent aller à l'encontre de leur bien-être. Que d'Amour devons-nous déployer pour les laisser apprendre leurs propres leçons.

Contrairement à ce que nous avons tendance à croire, nous ne savons pas ce qui est bon pour l'autre. Peut-être a-t-il besoin de vivre des expériences difficiles pour se renforcer et devenir plus solides face aux évènements de sa vie.

Peut-être a-t-il besoin de se prouver ce dont il est capable. Peut-être doit-il aller jusqu'à subir les inconvénients d'une vie qui ne lui convient pas pour apprendre à mieux se connaître et à savoir ce qu'il veut vraiment pour lui-même. Bien des gens se décident à changer vraiment seulement quand ils touchent le fond.

Notre Amour inconditionnel peut alors les aider à se relever et à ramasser leurs morceaux. Mais le changement permanent provient de l'intérieur de chacun et ça, nous ne pouvons pas le leur donner.

Quand ceux qu'on aime semblent faire des choix qui nous inquiètent, le mieux que nous puissions faire est de les aimer inconditionnellement, de donner notre avis s'il est sollicité mais de ne pas forcer d'autres choix qui nous conviennent, à nous.

Aimons-les assez pour les laisser faire leurs propres apprentissages, même si nous sommes déjà passés par là : notre leçon n'est pas nécessairement la leur.

Chacun a besoin de ses propres jalons pour avancer sur son propre chemin : laissons-les poser eux-mêmes les marches de leur évolution personnelle.

C'est leur Vie, pas la nôtre.

Les déceptions

Combien de fois sommes-nous déçus dans notre Vie ?

Nous sommes déçus de ce qui s'annonçait comme l'emploi de nos rêves n'est en fait qu'une version légèrement améliorée de notre emploi précédent. Nous sommes déçus lorsque ce que l'on croyait être une grande histoire d'Amour s'annonce en fait comme une histoire banale, voire décevante, où l'autre est loin de ce qu'on avait aimé imaginer.

Toutes ces déceptions ne sont en fait que le reflet de nos attentes, parfois démesurées, à l'égard de ce que nous *permettons* à la Vie de nous apporter. Lorsque le niveau de nos attentes dépasse le niveau de notre estime de soi, de ce que nous croyons mériter, de ce que nous sommes prêts à accueillir dans nos vies, nous sommes toujours déçus.

Tout part de soi.

Il vaut mieux apprendre à accueillir ce que la Vie nous offre avec gratitude, plutôt que d'aller de déception en déception. Le fait d'accepter que tout est parfait *tel quel* nous permet de relativiser nos attentes et de les harmoniser avec la réalité.

Nous avons en ce moment exactement ce dont nous avons besoin pour évoluer. Ni plus, ni moins.

En être déçus ne fera que ralentir notre processus d'évolution. Accepter ce qui est, pour pouvoir bâtir à partir de ce qui nous est offert, nous permet de passer plus facilement au prochain niveau.

C'est plus que du lâcher prise. C'est accepter que la Vie est bonne pour nous, quoiqu'elle nous offre. Puisque la Vie sait mieux que nous ce dont nous avons besoin.

La foi

Quand notre désarroi est grand et prend toute la place, il nous arrive de perdre la Foi.

Foi en la Vie, foi en nous, foi en un avenir meilleur, en un présent plus doux.

Nous avons l'impression que la Vie nous a oubliés, ou qu'elle nous en veut, ou qu'elle est tellement difficile que nous cherchons un sens, si minime soit-il, à ce que nous vivons. Nous doutons de notre légitimité à avoir notre place sur cette terre, car il nous semble que le fardeau est trop lourd à porter.

Pourtant, c'est dans ces moments de doute et de désespoir que nous devrions conserver notre foi. La Foi ne sert pas de parapluie quand il fait soleil ; elle est surtout utile les jours de pluie et de tempête.

Peu importe notre allégeance spirituelle, quand il fait beau, c'est la gratitude que nous devrions afficher ; quand il pleut, c'est la Foi qui devrait être notre rempart.

Quand la Foi et la gratitude font partie de notre vie à temps plein, alors les ingrédients du bonheur sont présents dans notre Vie.

Faire confiance à la Vie, avoir la certitude que cet orage est temporaire et que le beau temps suivra cette période sombre, c'est ça, avoir la Foi.

Suivre le courant

Quand nous suivons le flot de la Vie, même si parfois c'est en accéléré, nous sommes dans le même mouvement qu'elle et nous ne perdons pas d'énergie inutile à ramer à contre-courant, à nous battre contre les événements, à nous épuiser à force de vouloir que tout soit fait à notre façon.

Quand nous nous entêtons à vouloir que tout fonctionne comme nous le voulons, à la perfection, selon nos critères et nos échéanciers, nous ne pouvons qu'être déçus.

Notre besoin de contrôler notre environnement, et les autres, est à la base de bien des souffrances dans notre vie. Nous finissons par comprendre un jour que, bien que nous puissions vouloir répondre à nos besoins, manifester nos intentions et exprimer nos désirs, c'est la Vie qui décide ce dont nous avons besoin pour évoluer en ce moment. Et même si cela ne nous plaît pas toujours, elle a toujours raison.

On peut vouloir réaliser ses rêves, se créer un monde d'abondance et d'aisance, mais parfois, ce n'est pas tout à fait ce dont nous avons besoin maintenant pour comprendre certaines choses dans notre vie.

Quand nous acceptons que c'est la Vie qui nous porte, alors les choses se placent d'elles-mêmes, les miracles surgissent de partout, les bonnes personnes viennent à nous et notre quotidien est rempli de magie... pour peu que nous acceptions de le voir.

Quand nous sommes prêts pour passer à autre chose, pour réaliser notre mission ou pour passer à la mission suivante, c'est la Vie qui vient nous faire signe. Nul besoin de chercher les signes sous toutes les coutures, notre Vie vient à notre rencontre et nous interpelle pour que nous accomplissions ce pour quoi nous sommes faits.

Ainsi, il vaut mieux s'en remettre à la sagesse de la Vie et accepter ce qu'elle met à notre disposition, même quand ça ne nous plaît pas, en prenant conscience que nous devons franchir cette étape devant nous. Cela ne veut pas dire que nous devions rester inactifs devant les événements ni lutter de toutes nos forces pour les contrer. Cela signifie que nous devons suivre le courant de la Vie.

Ce n'est plus le moment d'avoir peur, c'est le moment d'y aller, de faire corps avec la Vie.

Nous souffrons moins quand nous luttons moins. Et nous savons alors, hors de tout doute, que nous sommes à la bonne place, au bon moment.

Car rien n'est inutile. Sauf notre résistance.

Qui façonne notre vie ?

Certains d'entre nous croyons que nous créons notre vie nous-mêmes. D'autres croient que nous n'avons pas ou peu de pouvoir dans le déroulement de notre vie. Certains enfin croient que c'est le destin qui détermine tout.

Et pourtant, il y a quelque chose d'autre qui détermine souvent nos choix de vie, ce que nous devenons, ce que nous attirons. Quelque chose de plus puissant encore que notre volonté.

À moins d'avoir fait un long travail sur soi, ce sont nos blessures qui façonnent notre vie. Du moins jusqu'à ce que nous en guérissions ou qu'elles se cicatrisent.

En effet, toute blessure encore présente mais pas encore ramenée à notre conscience devient le cocher qui dirige notre calèche sans que nous le sachions. Ainsi, une blessure d'abandon non résolue nous fera faire des choix et adopter des comportements différents que ceux que nous aurions si nous n'avions pas cette blessure. Un manque d'estime de soi guidera nos pas de façon fort différente que si nous nous aimions complètement.

Dans ce contexte, il nous est facile de voir à quel point il est important de prendre conscience des blessures que nous portons, non pas pour les ressasser ni nous victimiser, mais au contraire pour les traiter et ainsi reprendre la maîtrise de notre vie, de nos choix, de nos actions.

Nous pouvons nous façonner une vie plus douce et moins souffrante si nous prenons soin de faire ce qu'il faut pour cicatriser nos blessures. Nous pouvons devenir de meilleures personnes en prenant conscience de celles-ci.

Car nous pouvons être heureux, non pas seulement malgré nos blessures, mais souvent grâce à elles, car elles nous auront permis de grandir dans la conscience et de développer plus d'Amour envers nous-mêmes.

L'insécurité

Comme l'insécurité est difficile à vivre pour plusieurs d'entre nous! Nous cherchons par tous les moyens à calmer notre insécurité, en contrôlant le plus possible notre environnement, en faisant des plans A, B, C... en ressassant encore et encore les mêmes scénarios.

L'insécurité naît toujours quand nous anticipons le pire. Nous nous imaginons le pire qui puisse arriver et nous nous sentons immédiatement insécures. La peur, le stress, l'angoisse nous envahissent et nous recommençons le cercle infernal de contrôler, planifier, ressasser.

Pourtant la Vie n'est pas faite de sécurité, elle est faite de mouvements, de changements, de vagues.

Et si au lieu de prévoir le pire, nous anticipions le meilleur, à la place ? Si au lieu de prévoir le pire, nous nous disions que tout va bien aller, que tout ce qui arrivera sera parfait, tel qu'il arrivera, même s'il ne nous plaît pas. Est-ce que nous ne serions pas plus heureux ainsi, dans l'instant présent ?

Faire confiance à la Vie, c'est savoir que ce qui arrivera sera ce qui doit arriver, c'est accepter que nous ne contrôlons pas le futur, c'est comprendre que nous ne pouvons qu'être présents au moment présent. Pas au futur.

C'est aussi se faire confiance et savoir que, quoi que la Vie ait prévu pour nous demain, nous saurons l'accueillir le cœur ouvert.

Accueillir

Nous entendons souvent parler de la nécessité d'accepter : accepter ce que la Vie nous offre, accepter la situation telle qu'elle est pour moins souffrir. Pour plusieurs, cette manière d'envisager la Vie prend tout son sens, mais pour d'autres, cela semble difficile d'accepter l'inacceptable. Certaines situations sont tellement difficiles à vivre, à accepter, qu'elles nous apparaissent insurmontables.

Et si nous parlions plutôt d'accueil ?

Accueillir ce qui vient, accueillir les événements, les autres, comme ils sont. Cela ne nous met pas dans une disposition où nous nous sentons obligés d'accepter ce qui est, mais plutôt de l'accueillir dans notre vie, comme cela se présente, parce que de toute façon nous ne pouvons rien y changer. Nous pouvons ne pas être d'accord avec ce qui se présente, mais nous l'accueillons, puisque c'est ce qui nous est présenté, de toute façon.

Quand nous-mêmes nous sentons accueillis, c'est encore plus profond que lorsque nous nous nous sentons acceptés. Comme si l'accueil se faisait spontanément avec le cœur, alors que l'acceptation semble découler d'un processus mental.

Accueillons ce qui survient dans notre Vie, les gens qui croisent notre route, les émotions qui montent, les désagréments comme les joies qui jalonnent notre chemin.

Quand l'accueil de l'autre, de soi, de la Vie, est au centre de notre vie, alors la résistance peut s'estomper et faire place à une plus grande paix intérieure.

Se donner le droit d'être heureux

Combien de fois nous empêchons-nous d'être heureux parce que nous croyons ne pas le mériter ? Nous croyons que nous devons vivre un moment d'abstinence au bonheur après un deuil, une séparation, une grande souffrance, ou lors de difficultés importantes. Comme si nous devions expier la peine avant d'avoir droit au bonheur. Parfois, nous ne nous donnons pas le droit au bonheur si ceux que nous aimons ne sont pas heureux, comme si notre propre bonheur devait attendre après celui des autres.

Pourtant, le bonheur nous est possible à chaque instant de notre vie. Il est accessible en nous, à tout instant. Il ne se bâtit pas sur le mérite, ni sur une quantité minimale de souffrance ou de temps d'expiation. Nous n'y avons pas droit seulement après avoir traversé le désert ou une fois que tous ceux que nous aimons aient découvert leur propre source de bonheur.

Nous pouvons éprouver des instants de bonheur même lorsque tout semble pénible autour de nous. En tout temps. Nous pouvons nous recentrer sur ce qui nous rend heureux, là, dans le moment présent, en cette minute même. Sans culpabilité. Sans remords. Sans se faire tout petit pour ne pas déranger ceux qui ne sont pas heureux ou ceux qui estiment que nous ne devrions pas être heureux tout de suite.

Nous n'avons besoin de l'autorisation de personne pour être heureux, pour goûter pleinement à ce que la Vie met de bon dans notre assiette.

Personne d'autre ne peut faire notre bonheur. Nous seuls pouvons nous donner la permission, le droit et la possibilité d'être heureux, peu importe ce qui se passe autour, ce que les gens en pensent ou ce que nous venons de traverser.

Pour vivre heureux, il faut le choisir et nous le permettre.

Écouter ce qui monte

À certaines étapes de vie, nous ne voyons pas toujours clairement ce que nous devons faire.

Dans notre quotidien, nous planifions et organisons la plupart de nos activités, de nos décisions. Parfois nous réussissons, et parfois nous avons l'impression de ne pas avoir pris la bonne décision.

Souvent, nous passons beaucoup de temps à essayer de voir ce que nous devons faire maintenant : devons-nous changer d'emploi ou rester ici ? Mettre fin à notre couple ou essayer encore ? Vendre notre maison ou la garder ? Sommes-nous prêts à exploiter nos talents ou devons-nous continuer de répondre à nos soi-disantes importantes responsabilités ?

Et si, au lieu de tout ce questionnement intérieur, ce brouhaha des méninges, ces inquiétudes qui nous empêchent de dormir, si on écoutait simplement ce qui monte en nous ?

En faisant le silence, en se donnant l'espace et le temps pour écouter le mouvement qui émerge de notre cœur, en étant à l'écoute des signes de notre âme, nous suivrons le flot de notre vie avec plus d'aisance que si nous cherchons à tout contrôler.

La Vie est pleine de défis. Mais elle est aussi remplie d'Amour et de bienveillance pour nous. Elle nous veut heureux.

Quand nous sommes prêts pour une prochaine étape de vie, elle vient nous chercher pour nous amener là où nous devons être. Toujours.

Écoutons-la. C'est toujours la Vie qui parle à travers les élans de notre cœur.

Les torrents

Nous avons tous des épreuves à traverser au cours de notre vie. Certaines nous apparaissent même comme des torrents qui nous semblent parfois insurmontables.

La plupart du temps, ce que nous avons à apprendre nous a déjà été suggéré par de nombreux petits signes, sans douleur. Si nous les apprenons immédiatement, nous pouvons dès lors passer à autre chose. Mais quand nous ne comprenons pas, quelle qu'en soit la raison, la Vie nous envoie des signes de plus en plus importants et, au final, souvent douloureux, pour qu'enfin nous nous éveillions à l'apprentissage qui nous est demandé, à l'ouverture du cœur qu'on attend de nous.

En étant à l'affût des synchronicités dans notre vie, des signes subtils ou légers de ce que la Vie nous demande, nous pouvons répondre à ces appels à l'Amour. Ce n'est qu'en les ignorant ou en y résistant que les indices augmentent et que la douleur s'accentue.

Parfois aussi, c'est un grand choc qui nous est envoyé pour nous éveiller rapidement à quelque chose de plus grand que tout ce que nous avons connu. Ces torrents bouleversent tout dans notre vie, mais ils finissent par se retirer un jour, nous laissant différents, avec moins de barrières et plus d'Amour, malgré la douleur éprouvée.

Rien de ce que la Vie met sur notre chemin n'est insurmontable. Toutes ces situations dont on aurait bien voulu bien se passer ne servent qu'un but : nous apprendre à mieux aimer.

Ce que la Vie nous apporte comme torrent, elle nous aide toujours à le traverser.

L'observation bienveillante

Parfois, pour comprendre ce qui nous arrive, le moyen le plus efficace est de se placer en situation d'observateur de la situation.

Lorsque nous sommes témoins de ce que nous vivons, avec le recul nécessaire pour ne pas juger ni résister, mais seulement observer, nous comprenons tellement mieux tout le scénario qui se joue devant nous.

Lorsque nous arrivons à prendre cette distance nécessaire à une neutralité porteuse de réponses, nous pouvons voir où sont nos résistances, quels sont les patterns à l'œuvre dans nos réactions, quels sont les patterns de l'autre aussi, avec qui nous interagissons.

Si nous faisons preuve d'authenticité envers nous-mêmes, nous conviendrons que ce qui nous semble dramatique sous le coup de l'émotion, n'est qu'une situation visant souvent à nous éveiller à nos modes de fonctionnement qui amènent constamment de la souffrance dans notre vie.

Nous pouvons aussi observer, sans juger, les situations qui se déroulent devant nous et dans lesquelles nous ne sommes pas impliqués. Elles nous en apprendront beaucoup sur le comportement humain et nous serviront souvent de miroir à nos propres réactions si nous étions pris dans la même situation.

Ce n'est pas en jugeant les autres ni en nous critiquant nous-mêmes que nous nous améliorons. C'est en développant notre capacité d'observation bienveillante. Bienveillante parce que, sans jugement, notre cœur demeure ouvert à l'Amour présent dans toute situation, dans tout apprentissage.

Le courage de l'authenticité

Récemment, nous avons vu certaines personnalités connues faire preuve du courage de l'authenticité dans des circonstances plutôt difficiles. L'inspiration que ces démonstrations de courage et d'authenticité nous offre est un cadeau immense pour notre propre estime de nous-mêmes.

Être authentique, ce n'est pas seulement ne pas porter de masques. C'est aussi « se dire », quand nous sommes déçus. C'est dire la vérité, quand nous sentons que nous ne sommes plus à la bonne place. C'est exprimer notre opinion, alors que nous savons que nous allons à contre-courant du mouvement de pensées.

Avoir le courage d'être authentique, c'est aussi accepter le risque de décevoir, parce que nous nous respectons pleinement. C'est se donner la liberté de dire, à la dernière minute, « Sais-tu, je ne le sens plus, je n'irai pas ce soir ». C'est oser être en désaccord alors que nous sommes seuls à penser ainsi. C'est accepter de ne pas être à son meilleur devant des centaines de personnes. C'est refuser de porter un masque pour plaire aux autres et avoir le courage de nous montrer tels que nous sommes.

C'est renoncer à chercher à se faire aimer, parce que l'Amour que nous avons pour nous-mêmes transcende tout le reste. C'est accepter même que certains ne nous aimeront pas, tout en se rappelant qu'aucun grand prophète, que ce soit Jésus, Bouddha ou Mahomet, n'a jamais fait l'unanimité ; alors qui sommes-nous pour aspirer à être aimés de tous ?

C'est se montrer vulnérables, sans faux-fuyant, parce que nous avons pris ce pari de l'authenticité dans sa globalité, et non seulement les parties qui faisaient notre affaire.

C'est accueillir l'autre dans sa propre authenticité, parce qu'en étant vrais avec nous-mêmes, nous reconnaissons que les autres aussi ont le droit d'être vrais avec eux-mêmes, même si cela nous déçoit parfois.

Être authentique, c'est aussi reconnaître nos défauts et nous accueillir dans notre imperfection, totalement, sans nous juger, ce qui nous donne tout l'espace requis pour accueillir les autres dans leurs imperfections sans les juger. Et sans avoir peur d'être jugés.

Être authentique procède de l'Amour. Être courageux aussi.

Avoir le courage d'être authentique est le plus grand geste d'Amour que nous puissions avoir envers nous-mêmes. Quand nous sommes authentiques, nous nous aimons complètement. Avoir le courage d'être authentique, c'est briller de sa propre lumière.

Les héros ordinaires

La société célèbre régulièrement des gens qu'elle considère comme des héros : un joueur de hockey, un soldat, un politicien nouvellement élu, ou qui prend sa retraite ...

Mais qu'en est-il de tous ces héros « ordinaires », ceux dont on n'entend jamais parler ?

Cette mère de famille monoparentale qui travaille fort, qui arrive à peine et qui réussit quand même à ce que ses enfants se développent pleinement en participant à des activités artistiques ou sportives.

Cet homme qui prend soin de sa mère chaque jour, qui se préoccupe de son bien-être et qui l'accompagne dans ses déplacements.

Ces bénévoles aux soins palliatifs, qui prodiguent plus de tendresse et de douceur que ce que certains de leurs patients auront reçu dans toute leur vie.

Ce mari aimant qui prend des congés prolongés à son travail afin d'être en mesure de prendre soin jusqu'au bout de sa femme malade.

Cette fillette qui exprime déjà la volonté d'aider les gens toute sa vie.

Cette amie qui console et réconforte avec Amour toutes ces personnes qui viennent chercher conseil auprès d'elle.

Ces travailleurs discrets disséminés un peu partout et qui sont là pour soigner les maux de l'âme et du cœur des autres.

Ces enseignants dévoués qui prennent leur travail à cœur par Amour des enfants qui leur sont confiés pour l'année.

Ce personnel hospitalier, qui malgré les longues heures, les urgences et les budgets réduits, continue d'être attentif aux besoins des patients et d'y répondre avec le sourire.

Ces passionnés de l'être humain qui veulent aider leur prochain, en toute humilité et forts de leur vulnérabilité.

Toutes ces personnes anonymes qui, par de petits gestes quotidiens anodins mais tellement porteurs d'espoir, de bonté, mettent du soleil dans la journée des personnes qu'elles croisent.

Nous sommes entourés de héros ordinaires. Ce sont eux qu'il faut célébrer, car ce sont eux qui font une vraie différence dans la Vie des gens.

Ce sont eux qui changent le monde.

Hommage à nos héros ordinaires. Vous vous reconnaissez ?

L'amitié

L'amitié c'est un rempart pour les mauvais jours.

C'est l'épaule réconfortante. C'est le cœur ouvert et les oreilles attentives. C'est l'absence de jugement. C'est la tendresse infinie. C'est la franchise absolue. C'est la fermeté parfois, là où nous aimerions tout lâcher. C'est la compassion, quand nous souffrons.

C'est un tout petit mot juste au moment où nous en avons besoin. C'est la joie d'un repas partagé. C'est la possibilité de confidence étanche. C'est le support en cas de besoin.

C'est la complice de fous rires, de chagrins d'Amour, de déceptions professionnelles, de questionnements spirituels. C'est aussi l'Amour sans attente, patient, intègre, neutre.

Que serions-nous sans l'amitié, un composé d'Amour, de tendresse, d'acceptation, d'ouverture et de fraternité ?

Si nous sommes ouverts, nous pouvons créer de nouvelles amitiés tout au long de notre vie, exactement là où nous sommes rendus dans notre évolution.

Nos amis nous ressemblent toujours car l'affinité en est le premier critère. Un ami qui ne nous ressemble plus, qui devient trop éloigné de nous par la forme et le contenu, finit par s'éloigner ou nous nous en éloignons. Et cela fait partie du cycle naturel de la Vie.

Nous choisissions nos amis, nous décidons de les garder dans notre vie, de leur accorder l'importance que nous voulons, de leur confier ce que nous décidons. Il existe autant de formes d'amitié que d'amis/es. Mais tous autant qu'ils sont, les amis sont l'un des plus beaux cadeaux de la Vie.

L'amitié est un choix. Et c'est aussi l'un des plus nobles sentiments qui soient.

Allumons nos lumières !

Lorsque nous entrons dans une pièce sombre, nous cherchons tout de suite le commutateur pour allumer la lumière. Lorsque nous roulons en automobile le soir, nous nous assurons d'avoir nos phares allumés. Si nous marchons dans la forêt la nuit, nous allumons une lampe de poche.

Il nous arrive à tous dans notre vie de nous retrouver dans des situations sombres ou de rencontrer des personnes négatives qui assombrissent le climat. C'est dans ces moments-là que notre propre lumière est importante.

Nous avons un rôle important à jouer sur cette terre, celui de mettre de la lumière là où il fait noir. Nous portons tous notre lumière en nous, c'est le cœur de notre âme. Elle sert à éclairer le chemin, le nôtre et celui des autres. Notre flamme sert aussi à réchauffer les cœurs, le nôtre et celui des autres.

Et s'il advenait que nous traversions nous-mêmes une période noire, difficile, où il semble que nous n'y voyons plus rien, rappelons-nous que nous portons toujours cette lumière en nous. Allons puiser au fond de nous pour raviver notre étincelle de vie, afin qu'elle nous éclaire sans défaillir sur le prochain pas à franchir. On y voit mieux quand le chemin est éclairé.

"On peut trouver du bonheur même dans les endroits les plus sombres, il suffit de se souvenir d'allumer la lumière !"

Là où il y a des zones d'ombre, dans notre vie ou celle des autres, puissions-nous les éclairer de notre lumière.

Lâcher prise

L'une des choses les plus difficiles que nous ayons à apprendre dans la vie, c'est bien le lâcher prise. C'est aussi l'une des choses les plus mal comprises.

Souvent, il faut bien l'avouer, nous ne voulons pas lâcher prise parce que nous voulons que les choses se réalisent à notre façon, quand nous le voulons et pas autrement. Pour pouvoir lâcher prise, nous devons accepter de faire certains deuils, le plus important étant celui de renoncer à ce que tout fonctionne à notre manière.

Dans la réalisation de nos rêves, il faut faire tout ce qu'on croit possible de faire pour que ceux-ci se réalisent. Le « comment » et le « quand » cela va se faire ne nous appartiennent pas !

Lâcher prise, c'est accueillir ce que la Vie met sur notre chemin pour notre évolution, que ce soit le succès de nos démarches, ou le non-aboutissement de celles-ci.

Ce n'est pas ne rien faire : c'est faire ce que nous pouvons, puis faire confiance. C'est persévérer, mais ne pas s'entêter. Ce n'est pas se laisser démolir par les obstacles, mais les voir comme une occasion de vérifier notre engagement envers ce à quoi on croit tenir. C'est cesser de rechercher la perfection et respecter nos limites.

C'est surtout respecter le fait que ni les autres ni la Vie n'ont à être comme nous voudrions qu'ils le soient.

Lâcher prise, au fond, c'est faire confiance à la Vie et croire profondément qu'elle sait mieux que nous ce dont nous avons besoin pour notre évolution. En tout temps.

Nos enfants

Vos enfants ne sont pas vos enfants, disait Khalil Gibran. Mais pour les parents, leurs enfants resteront toujours leurs enfants !

Nous les avons conçus, portés, mis au monde. Nous les avons bercés, consolés, cajolés. Nous avons embrassé leurs bobos, soigné leur estime d'eux-mêmes, joué avec eux, réservé des surprises, enseigné la Vie.

Nous les avons aimés avec une fibre d'Amour tellement forte et puissante que nous ignorions jusque-là que nous pouvions aimer autant. Cet Amour de nos enfants surpasse toute autre forme d'Amour que nous avions connue jusqu'ici dans notre Vie.

Nous les avons vus grandir, avons accepté d'être contestés, avons discuté des grandes choses de la Vie et des petites choses du quotidien.

Nous avons encaissé les reproches, accueilli leurs élans d'Amour, réparé leurs gaffes, soutenu leurs projets, défendu leur réputation.

Nous avons accepté les colères, les blâmes, les silences, les distances. Certains de ces enfants ont eu besoin de rejeter tout ce que nous leur avions transmis, afin de pouvoir faire leur propre tri de ce qu'ils avaient envie de garder dans leur Vie.

Nous avons soufflé sous leurs ailes, les regarder se déployer, puis s'envoler pour vivre leur vie à leur tour. Nous avons été fiers de leur autonomie mais émus de les voir partir.

Ils nous ont enseigné l'Amour, le vrai, l'inconditionnel, l'indestructible. Même si nous-mêmes n'avions pas connu cet Amour de la part de nos parents, nous avons su aller le puiser loin dans notre cœur, parfois le créer de toutes pièces, pour nos enfants.

Et au soir de notre Vie, peu importe le succès, la popularité, la richesse que nous aurons connus, les Amours que nous aurons vécus, nos dernières pensées, notre dernier élan d'Amour sera pour nos enfants.

Chers enfants du monde entier - et les miens - si vous saviez combien vous êtes aimés !

Aimer sans se perdre

Tellement de gens souffrent de solitude en ce moment et souhaitent ardemment rencontrer l'âme sœur pour vivre le grand Amour.

Et pourtant, le chemin est souvent long avant d'y arriver ! Nous aimerions trouver rapidement la personne qui nous fera à nouveau conjuguer le verbe aimer au présent. Mais pourtant, nous avons de la difficulté à nous aimer nous-mêmes. Nous nous sentons dans l'urgence de tomber Amoureux, alors que la prémisse de base pour être en Amour est d'abord de s'aimer soi-même.

Cela signifie s'aimer suffisamment pour ne pas se perdre lorsque nous sommes en Amour. Combien de gens, après une séparation, ne se rappellent même plus quel genre de musique ils aiment, quelles activités ils préféraient avant d'adopter celles de leur conjoint/e?

Se perdre dans la relation avec l'autre, c'est se désidentifier soi-même pour s'identifier complètement à l'autre. C'est s'oublier dans notre entièreté pour devenir une partie de l'être aimé : c'est aussi l'une des manières les plus sûres pour que la relation ne survive pas, ni même qu'elle commence à poindre. En nous oubliant pour plaire à l'autre, nous lui faisons porter un poids trop lourd pour qu'il ou elle puisse respirer librement. Et nous nous oublions nous-mêmes.

Prenons le temps d'apprendre à nous aimer, peu importe le temps que cela nous prendra. C'est une étape essentielle pour être heureux, que ce soit en Amour ou dans la solitude.

Quand nous nous aimons vraiment, nous demeurons nous-mêmes dans toute relation. Et c'est pour cette raison que nous sommes alors véritablement aimés. Pas pour ce que nous tentons de devenir pour plaire, mais pour ce que nous sommes vraiment, dans notre authenticité, notre vulnérabilité, notre simplicité.

Aimer sans se perdre, c'est s'aimer assez soi-même pour demeurer entier en tout temps.

L'attitude fait toute la différence

Nous voyons parfois des gens qui se laissent abattre par des choses qui nous semblent plus ou moins graves, alors que d'autres se tiennent toujours debout après des drames immenses.

L'attitude fait toute la différence dans notre vie. Notre aptitude au bonheur est conditionnée en grande partie par notre attitude, par nos réactions à ce que la Vie nous sert. Nous pouvons toujours voir le verre à moitié plein, à moitié vide, ou voir un verre, tout simplement, sans jugement de la quantité qui le remplit ou qu'il lui manque.

Nous pouvons toujours trouver du positif dans toutes situations, même les pires. Mais nous pouvons aussi trouver du négatif dans toutes situations, même les plus belles. Pour être plus heureux, il est plus facile se faire comme le tournesol et de se mettre face au soleil, plutôt que de lui tourner le dos et de maugréer contre les aléas de la température.

La Vie ne nous inflige rien : elle met sur notre route des événements pour que nous évoluions vers toujours plus d'Amour. C'est notre attitude, nos réactions à ce qui est qui déterminent notre niveau de bonheur ou de malheur.

Tout part de nous. Nous avons toujours le choix. Nous pouvons être négatifs, positifs, ou neutres. Choisissons ce qui nous fait le plus de bien et non ce qui nous maintient dans un état de souffrance. C'est difficile à faire, mais comme pour toute autre chose, c'est en s'exerçant quotidiennement que ça devient plus facile. Ce n'est surtout pas en disant : « c'est difficile » sans rien tenter, que nous évoluerons. C'est en faisant l'effort d'essayer de faire autrement, de faire mieux chaque jour que nous risquons le plus de toucher au mieux-être.

Nous n'avons rien à perdre, sinon notre dépendance à la souffrance. Alors, qu'attendons-nous pour changer d'attitude ?

À l'intérieur comme à l'extérieur

La division que crée notre ego dans notre perception des autres et des choses nous amène à voir notre environnement comme étant séparé de nous. Et pourtant, tout est relié.

Ce que nous voyons comme beau à l'extérieur de nous est le reflet de ce que nous portons comme beauté à l'intérieur de nous. Ce que nous trouvons désagréable dans notre environnement ou chez les autres, représente une partie de nous en lien avec ce que nous n'aimons pas chez l'autre.

Notre Vie est vraiment le reflet de ce que nous sommes. Notre quotidien d'aujourd'hui a été bâti à partir des choix passés que nous avons faits, des décisions que nous avons prises et de nos réactions à ce que nous vivons.

Si nous n'aimons pas des pans de notre vie, il nous revient de changer des choses en nous et autour de nous pour qu'il en soit autrement. L'extérieur est toujours le reflet de notre intérieur. Ce que nous trouvons difficile à vivre corrobore un manque d'Amour que nous portons envers nous-mêmes.

L'harmonie ou la discorde que nous vivons dans nos relations s'apparentent à l'harmonie ou les conflits intérieurs que nous vivons. Rien n'est séparé.

Plus tôt nous comprenons que notre extérieur est semblable à notre intérieur, plus tôt nous reprenons le pouvoir d'agir sur notre situation et de faire UN avec la Vie.

« J'aurais donc dû ! »

Tous les « j'aurais donc dû », « j'aurais pas dû », « il aurait fallu », « il ne fallait pas que » ne sont que des illusions qu'utilise notre ego pour nous éloigner de ce que nous voulons vraiment, de ce dont nous avons réellement besoin.

Tous les « dûs » sont axés sur notre culpabilité, sur notre sentiment d'être inadéquats, de n'être pas assez ou d'être trop.

Que nous célébrions un succès qui dérange notre entourage ou que nous subissions un revers qui nous positionne en victime, nous avons rarement des moments de paix spirituelle profonde, où nous nous sentons intimement à la bonne place, au bon moment.

Et pourtant, lorsque ces moments arrivent, bien que nous les reconnaissions, nous ne voulons pas qu'ils dérangent notre environnement. Dans ces moments-là, nous nous réduisons pour correspondre à ce que nous pensons que les autres attendent de nous.

Et pourtant, la Vie nous veut entiers, complets, exubérants lorsque c'est le moment de l'être, centrés lorsqu'il le faut, sereins lorsque c'est le meilleur comportement à adopter.

Lorsque nous cherchons encore à ne pas déranger, c'est un signe indéniable que nous ne nous aimons pas encore suffisamment pour nous accepter tels que nous sommes, entièrement, totalement, sans nous rogner pour pouvoir nous insérer dans le cadre que les autres ont de nous.

S'aimer, c'est aussi s'accepter totalement, même lorsque ça dérange ceux que nous aimons. Car ce n'est pas en tentant de plaire à ceux qui comptent pour nous que nous nous réaliserons : c'est en nous réalisant que nous plairons à ceux qui nous méritent. Point à la ligne !

Diane Gagnon

Penser à soi ou penser aux autres ?

Certaines personnes ont l'impression que ce que nous prônons ici sont « ces philosophies basées uniquement sur le soi et qui font abstraction des autres autour ».

Et pourtant, non seulement ce n'est pas le cas, mais c'est exactement le contraire.

Nous partons du principe essentiel que pour aimer les autres, il faut d'abord s'aimer soi-même. Que pour pouvoir aider les autres, il faut d'abord être capable de prendre soin de soi.

Que pour pardonner aux autres, nous devons en premier lieu nous pardonner à nous-mêmes. Que pour être généreux envers les autres, nous devons d'abord apprendre à nous donner à nous-mêmes.

Que pour pouvoir être sincèrement heureux pour les succès des autres, nous devons d'abord apprendre et être en mesure de nous célébrer nous-mêmes, de savoir reconnaître nos bons coups et de pouvoir souligner nos accomplissements.

S'aimer soi-même d'abord, c'est l'opposé d'être égoïste, « d'être mieux seul ». Au contraire, mieux nous saurons nous aimer, être bons envers nous-mêmes, nous accepter tels que nous sommes, plus nous saurons être en mesure d'aimer les autres, d'être aidants envers eux, et de les accepter tels qu'ils sont.

Une fois que nous nous acceptons tels que nous sommes, nous pouvons accueillir tous les autres dans leurs particularités. Ce n'est pas de l'égoïsme : c'est de l'Amour. Le vrai !

S'aimer soi-même d'abord, ce n'est pas de l'égoïsme : c'est la base de tout. C'est la base de l'Amour.

Chacun son chemin !

Ce n'est pas parce que ceux que nous aimons n'empruntent pas la même route que nous que ça signifie qu'ils se trompent de chemin !

Chacun choisit sa voie. Certaines personnes ont besoin de routes cahoteuses pour se renforcer et découvrir de quoi elles sont capables. D'autres choisissent les raccourcis, croyant aller plus vite ; parfois ça leur réussit très bien, d'autres fois c'est plus ardu. Quelques-uns prennent de grands détours avant de revenir vers leur route initiale.

Nous n'avons pas à juger de la voie que les autres empruntent. Aucun chemin n'est meilleur que l'autre, puisque chacun a ses apprentissages à faire, ses blessures à guérir, ses expériences à vivre. Nous sommes tous, en ce moment, chacun d'entre nous, sur la route que nous avons besoin de prendre pour évoluer. Même s'il s'agit de nos grands enfants ou de notre conjoint/e.

En effet, nous voudrions souvent éviter à ceux que nous aimons de faire fausse route, mais qui sommes-nous pour penser savoir mieux qu'eux quel chemin les servira le mieux ?

Si nous-mêmes regardons en arrière, nous pourrons sans doute constater que chaque fois que nous avons cru nous tromper de voie, il s'agissait en réalité d'un bout de chemin dont nous avions besoin pour devenir meilleurs.

Alors vraiment, nous ne savons pas ce qui est le mieux pour les autres : nous ne pouvons que les accueillir dans leur choix d'itinéraire, même si c'est difficile. Et les aimer, à travers leurs choix.

Nous devrions avoir déjà bien assez de garder les yeux sur notre route à nous pour ne pas avoir à juger celle de l'autre comme étant bonne ou mauvaise.

Concentrons-nous sur notre chemin, et permettons à ceux que nous aimons de découvrir leur propre voie, essentielle pour mieux se connaître.

Nos rêves

Parfois tapis dans un recoin de notre subconscient, nos rêves attendent avec impatience le moment où nous nous rappellerons d'eux et que nous déciderons de faire le premier pas pour les réaliser.

Souvent, nos responsabilités quotidiennes ont pris tellement de place qu'elles ont enfoui nos rêves sous des tonnes d'obligations, de rationalisations, d'excuses et de procrastination.

Et puis un jour, quand notre Vie nous semble lourde et moins porteuse d'espoir et de sens que nous l'aurions voulu, nous nous souvenons que nous avions des rêves, plus jeunes, et que nous les avons mis de côté pour « plus tard » Et plus nous attendons, plus ce « plus tard » risque d'être trop tard !

Lorsque nous ouvrons la porte de la pièce où sont enfermés nos rêves en nous, un sentiment d'urgence nous envahit. Alors que nous attentions toujours le meilleur moment pour les réaliser – quand les enfants seront grands, quand nous aurons payé nos dettes, quand nous serons à la retraite, etc.- nous réalisons avec lucidité que le meilleur moment pour réaliser nos rêves, c'est maintenant.

Dès lors, nous mettons tout en œuvre pour nous connecter avec cette partie de notre âme qui aspire à se réaliser depuis des années. Nous posons les gestes, si petits soient-ils, qui nous mènent sur le chemin de la réalisation de nos rêves.

Et nous constatons alors avec bonheur que le simple fait d'avancer, même lentement, sur le chemin qui mène à la concrétisation de nos aspirations les plus profondes, c'est déjà vivre notre rêve.

Car nos rêves, ces petits bouts d'âme, n'ont besoin que d'une seule chose pour venir à notre rencontre : c'est que nous fassions le premier pas.

Oser

Nous sommes parfois si confortables dans notre inconfort que nous n'osons pas toujours en sortir.

Nous préférons rester en territoire connu que de nous aventurer au-delà de nos limites habituelles.

Nous poursuivons notre vie bien ancrés dans notre faux confort matériel, notre sécurité financière irréelle, nos habitudes quotidiennes avilissantes, et même dans une relation qui ne nous satisfait pas. Nous n'osons pas croire que nous pouvons connaître mieux que ce que nous nous sommes réduits à accepter, en reniant des parties de nous-mêmes pour nous y conformer.

Et pourtant, combien de personnes autour de nous nous répètent que nous méritons mieux que notre carcan doré, que nous valons mieux que cette relation irrespectueuse, que nous avons plus de potentiel que cette moyenne dans laquelle nous nous complaisons sans nous y réaliser.

Le but n'est pas de ne jamais être satisfaits, mais au contraire de ne jamais nous contenter de ce qui ne nous satisfait pas, de ce qui ne contribue pas à notre bonheur, à notre épanouissement, à notre mission.

Quand tous les signes de la Vie conspirent à nous indiquer qu'il faut passer à la prochaine étape, c'est qu'il est grandement temps que nous acceptions de nous faire confiance, de faire confiance à la Vie et de croire que quelque chose de plus beau et de plus grand nous attend.

Quand une fausse sécurité nuit à notre bonheur, c'est qu'il est temps d'accepter temporairement l'inconfort de l'insécurité pour vivre pleinement toute notre vie.

C'est qu'il est temps d'oser.

Sinon, on passe à côté de sa vie.

Se déposer

Prendre le temps de se déposer, de ralentir, d'aller seulement là où vers notre cœur nous porte, est sûrement l'un des plus beaux cadeaux que l'on puisse s'offrir.

Plutôt que de nous perdre dans des divertissements qui semblent nous faire plaisir à court terme, nous nous retrouvons au point le plus pur de ce que nous sommes, notre âme.

Lorsque nous nous branchons à notre âme, plutôt qu'au cellulaire ou à Internet, nous faisons corps avec toutes les couleurs de notre âme. Nous magnifions ce que nous sommes parce qu'alors, nous sommes vrais et authentiques. Nous nous montrons tels que nous sommes : magnifiques !

Il nous faut vraiment ralentir la cadence folle que nous avons adoptée au cours des dernières années car plus nous courrons, plus nous nous éloignons de nous.

Nous tentons en vain de répondre aux diktats de la société qui en veut toujours plus. Alors qu'en nous arrêtant, nous revenons vers nous, dans toute notre simplicité, notre humilité, notre humanité.

Malgré ce que nous sommes parfois portés à penser, nous sommes maîtres de la gestion du temps qui nous est imparti, nous le gérons en fonction de nos priorités mais aussi en fonction de notre courage à aller vers nous, à prendre soin de nous, à nous arrêter pour voir comment nous allons.

Se déposer, tant dans notre corps que dans notre âme, c'est aussi avoir le courage de nous montrer tels que nous sommes, dans toute notre splendeur, dans notre unicité.

Et ça, c'est porteur d'espoir!.

La souffrance finit par s'atténuer

Au sortir des funérailles d'une magnifique jeune fille qui a décidé qu'elle n'avait plus toute la vie devant elle, on ne peut que mesurer à quel point il est essentiel que nous tous, nos enfants, nos parents, nos amis et même nos ennemis nous apprenions à nous aimer, nous-mêmes, inconditionnellement, complètement, en dépit de tout ce que nous vivons.

Le manque d'Amour pour soi, d'estime de soi, est la cause de la majorité des souffrances que nous vivons.

La Vie est souvent une alternance de souffrances et de joies, mais le plus important est que l'Amour que nous avons pour nous-mêmes soit toujours plus grand que les souffrances qui nous affligent.

Nous ne pouvons pas toujours éviter de souffrir mais si notre estime de nous est solide et demeure plus grande que notre souffrance, nous saurons que nous pourrons passer à travers les périodes difficiles.

Car autant les souffrances ont-elles un but, autant ont-elles aussi une fin. Toute souffrance finit par s'atténuer.

Dans nos périodes les plus difficiles, nous devons cultiver l'espoir et la certitude que des jours meilleurs nous attendent, que cette souffrance s'estompera peu à peu, que d'autres joies nous sont réservées et que le bonheur reviendra nous visiter. La Vie est équilibre.

La nuit finit toujours par laisser la place au jour.

À ceux et celles qui souffrent dans leur nuit aujourd'hui, ne perdez pas espoir. Malgré la déchirure immense que vous éprouvez en ce moment, un jour il fera soleil à nouveau. D'ici là, que tout l'Amour du monde réchauffe doucement votre cœur.

La perte de sens

Quand on vit des choses difficiles, ou à certaines étapes charnières de notre vie, nous avons souvent l'impression que plus rien n'a de sens. Nous sentons parfois que le tapis nous glisse sous les pieds. Nous perdons nos repères. Notre quête semble vide.

Et pourtant, la perte de sens n'est jamais définitive.

La perte de sens que nous vivons nous appelle à trouver un nouveau sens à notre vie. Nous devons réapprendre à colorier notre paysage, à donner du souffle à nos inspirations, à trouver un nouvel ancrage dans notre situation.

Malgré les difficultés et les angoisses, malgré la douleur et le découragement, en nous efforçant de trouver un nouveau sens à notre vie, la perte de sens devient notre quête de sens.

Nous ne pouvons dès lors que réapprendre à nous définir autrement, à nous repositionner ailleurs sur l'échiquier de notre vie, à nous entourer de nouvelles ressources, à trouver de nouvelles douceurs dans l'aridité de notre désert temporaire.

Redonner un sens à sa vie, c'est découvrir de nouveaux horizons là où tout nous semblait fermé ; c'est rouvrir son cœur alors que la douleur l'avait desséché ; c'est refaire confiance là où tout semblait être contre nous.

Redonner un sens à sa vie, c'est réapprendre à vivre.

Chaque jour. Patiemment. Un moment à la fois.

Jusqu'à ce que l'Amour triomphe de ce qui n'avait plus de sens.

Faire autrement

Au lieu de nous plaindre, si nous utilisions plutôt ce temps à remercier l'univers pour tout ce que nous avons, nous serions plus heureux.

Si au lieu de juger notre voisin, nous mettions plus d'intérêt à le connaître et de compassion à le comprendre, nos relations seraient meilleures.

Si au lieu de bouder lorsque nous sommes irrités, nous faisions l'effort de garder notre cœur ouvert, nos communications avec les autres s'en trouveraient simplifiées et améliorées.

Plutôt que de critiquer le gouvernement, la société, notre patron, si nous nous efforcions de faire de notre mieux en tout temps, de faire le bien autour de nous, nous ferions une petite différence dans ce monde.

À la place de blâmer les autres pour ce qui nous arrive, si nous acceptions la pleine responsabilité de notre vie, nous retrouverions notre pouvoir de changer notre vision des situations que nous vivons pour en tirer les meilleurs apprentissages qu'elles ont à nous offrir et ainsi devenir plus aimants.

Plutôt que de réagir impulsivement aux différents événements et de résister de toutes nos forces à ce qui est mis sur notre route, si nous faisions un avec la Vie et prenions acte de ce qui nous est demandé, nous nous créerions moins de souffrances et plus de sérénité.

Si à la place de baisser les bras et de courber l'échine, nous lèverions nos yeux vers le ciel, nous pourrions ressentir combien la Vie nous aime et nous pourrions voir à quel point cette Vie est belle.

La beauté attire la beauté

Ce sur quoi nous portons notre attention s'amplifie.

Si nous ne voyons que le négatif chez les autres, nous attirerons plus de négatif dans notre vie.

Si nous cherchons ce que chacun porte de bon en soi, nous attirerons de meilleures personnes autour de nous.

Si nous écoutons les bulletins de nouvelles déprimantes avant de nous endormir, nous consacrons nos dernières pensées aux choses négatives ; pendant notre sommeil, notre subconscient travaille à partir des schémas négatifs que nous venons de lui fournir. Il cherchera à nous attirer davantage de négatif, croyant que c'est ce que nous voulons dans notre vie.

Si au contraire, nous concluons notre journée en remerciant la Vie pour tous les petits bonheurs de la journée, nous nourrissons notre subconscient de choses positives pour la nuit.

Quand on consacre la majeure partie de son temps à trouver la beauté dans la nature, dans la Vie, chez les autres et en soi, nous attirons encore plus de beauté dans notre propre vie.

Nous avons toujours le choix de mettre l'accent sur la beauté ou la laideur, sur le négatif ou le positif. Nous pouvons toujours choisir entre ce qui nourrit notre âme ou ce qui nourrit notre ego.

Mais la beauté attirera toujours la Beauté, la bonté attirera toujours la Bonté et l'Amour attirera toujours l'Amour.

Mordre dans la vie

Nous nous réveillons un jour presqu'à la moitié de sa vie et nous nous rendons compte que nous n'avons pas encore réalisé la moitié de nos rêves... et de loin !

Nous avons été trop occupés à d'autres choses, à faire ce que la société attend de nous, à embarquer sur le pilote automatique en rencontrant ses obligations et ses responsabilités professionnelles, familiales et sociales.

Mais trop souvent, nous avons oublié de vivre ! De mordre dans la vie à pleines dents ! De sourire à la Vie, aux autres ; d'aimer la Vie profondément, les autres aussi.

Qu'attendons-nous pour nous réaliser pleinement ? Nos rêves attendent après nous. La Vie nous fait de grands signes pour nous inviter à aller jouer avec elle, à rire, sauter, chanter, danser. Il y a toutes ces choses que nous rêvions d'essayer mais que nous n'avons pas encore abordées. Il y a tous ces endroits que nous rêvions de visiter mais que nous ne sommes pas encore allés rencontrer. Il y a toutes ces personnes qui ont besoin de notre lumière et que nous n'avons pas encore accueillies.

Qu'attendons-nous pour embrasser cette Vie magnifique ? Nous savons au fond de nous que dès que nous vaincrons notre peur de sortir de notre fausse zone de confort, la Vie nous récompensera de notre audace. Toutes les merveilleuses synchronicités nous attendent, tous ces petits bonheurs à vivre qui ne demandent qu'à nous rendre heureux sont là, au détour de notre premier pas vers la liberté.

Le bonheur réside dans notre capacité à mordre dans la Vie, à la vivre pleinement, à l'aimer, à s'aimer et à aimer !

Le rejet

Nous vivons tous du rejet un jour ou l'autre mais certaines personnes semblent le vivre à répétition dans leur vie. De la petite enfance où les petits amis nous rejetaient constamment, nous ridiculisaient ou nous ignoraient complètement, jusqu'à l'âge adulte où nous avons l'impression que nous sommes toujours de trop, que les autres fuient notre compagnie, que nos Amoureux/ses finissent par nous larguer tôt ou tard.

Les situations de rejets vécues dans notre enfance ont miné notre estime de soi au point de nous rendre vulnérables au regard de l'autre.

Il nous est souvent difficile de comprendre et même de voir ce que nous faisons qui provoque ces rejets. Nous avons beau tenter de modifier nos comportements, on dirait que le rejet est la seule chose qui nous court après !

Nous ne pouvons pas modifier le passé, mais nous pouvons NOUS choisir maintenant plutôt que de revivre sans arrêt nos blessures.

Car souvent, le rejet de la part de l'autre est aussi un miroir du rejet que nous nous faisons vivre à répétition, en ne nous acceptant pas comme nous sommes, en ne nous respectant pas, en ignorant nos propres besoins.

Chaque fois que nous croyons être rejetés par les autres, c'est la Vie qui essaie de nous rediriger vers quelque chose de mieux : notre propre acceptation de nous-mêmes.

Nous cessons de vivre du rejet le jour où nous nous acceptons pleinement, où nous nous mettons à l'écoute de nos besoins, où nous nous respectons dans nos valeurs, nos choix, nos paroles, en prenant soin de nous et en écoutant tant les signaux de notre corps que les messages de notre âme.

Quand nous cessons de nous rejeter nous-mêmes, nous n'avons plus besoin de chercher le regard de l'autre pour nous approuver. Nous nous acceptons comme étant notre propre référence.

Nous cessons de vivre du rejet le jour où nous apprenons à nous aimer pour de vrai.

Les mystères de la vie

Parfois nous attendons longtemps que ce que l'on souhaite ardemment se réalise et pourtant, il semble que la Vie en ait décidé autrement. Puis, au moment où nous n'y attendions plus, ce que l'on espérait tant se réalise enfin, d'une manière bien différente que ce que nous voulions, souvent même au-delà de nos espérances. Et nous comprenons alors pourquoi ce rêve n'avait pas pu se réaliser auparavant.

Il nous est accordé ce dont nous avons réellement besoin seulement au moment propice déterminé par la Vie elle-même, et non selon nos attentes. Nous pouvons énoncer nos rêves, faire les pas qui nous permettent d'avancer vers leur réalisation, mais « quand, comment et où » cela va se réaliser appartiennent à la Vie elle-même !

La Vie travaille souvent de manière bien mystérieuse mais jamais de manière accidentelle. Ce que nous considérons comme des accidents de parcours, des délais, des détours, des synchronicités même, nous en venons un jour à comprendre que c'est exactement ainsi que cela devait se passer. Et que si la Vie avait écouté nos doléances et nos jérémiades, nous serions passés à côté de quelque chose de fondamental pour notre évolution.

Parfois la Vie attend que nous soyons mûrs pour récolter ce que nous avons semés ; en d'autres temps, elle renforce notre patience, notre tolérance, notre foi. D'autres fois, elle nous préserve de ce qui ne nous est pas favorable, nous réservant quelque chose de mieux encore.

Quand on regarde objectivement le chemin que nous avons parcouru, nous pouvons constater que rien n'est arrivé pour rien et que chaque chose était à sa place au bon moment, lorsque nous étions prêts. Et ça, c'est la Vie qui le décide !

Avec le temps, on finit par comprendre que faire confiance à la Vie, c'est l'un des seuls vrais choix que nous ayons.

Ne nous laissons jamais éteindre par qui que ce soit

Quels que soient nos rêves, ne laissons jamais personne nous dire qu'ils sont farfelus ou irréalisables.

Certaines personnes semblent se sentir menacées par le succès ou les rêves des autres. Elles nous mettent alors en garde contre ce qui pourrait nous arriver, les personnes malhonnêtes, les déceptions, les difficultés qui nous attendent. D'autres, voulant sans doute bien faire, nous rappellent de ne pas rêver trop grand, de ne pas afficher trop ouvertement notre bonheur, nous incitant ainsi, souvent sans le savoir, à rester conformes aux normes, à ne pas être différents des autres, à ne pas nous réaliser.

Quand, après un long travail sur soi pour développer notre estime personnelle, nous osons enfin nous affirmer, dans la douceur mais dans la fermeté aussi, que nous osons enfin parler, dire ce qui nous dérange, exprimer nos besoins, souhaiter le respect, ne laissons personne éteindre cette flamme unique que nous venons de raviver au prix de nombreux efforts.

Le bonheur, le succès, les rêves, une bonne estime de soi bien affirmée, ont plus de place pour prendre de l'expansion lorsque nous nous entourons de gens qui nous encouragent, nous félicitent, nous supportent, nous admirent et qui partagent nos valeurs.

Les personnes négatives, voire toxiques, ne devraient sans doute pas faire partie de notre entourage immédiat. Lorsque nous en croisons, inévitablement, faisons en sorte que cela nous renforce dans ce que nous vivons de beau plutôt que de les laisser nous réduire à leur vision limitée. Elles sont placées sur notre chemin pour que nous développions encore plus d'Amour de soi afin que leurs commentaires ne nous atteignent plus.

Aimons-nous suffisamment pour garder notre flamme allumée et la protéger des vents extincteurs !

Ne nous laissons jamais éteindre par qui que ce soit !

Laissons éclore tous nos talents !

Lorsque nous sommes en processus d'apprendre à nous aimer et à reprendre espoir, c'est tout simplement magique à quel point nous nous épanouissons sous plein d'aspects.

Il semble qu'une fois que nous acceptons de nous aimer tels que nous sommes, de travailler sur ce qui nous dérange et d'accueillir cette âme magnifique qui nous habite, ce fond de bonté et d'Amour que nous portons tous en nous, toutes les autres parties de notre personnalité tendent à fleurir en toute liberté.

Nous comprenons alors que c'est nous qui, trop souvent, retenons le processus de notre éclosion dans toute sa maturité, par nos peurs et par notre manque d'Amour envers nous ou envers certaines parties plus ombragées de nous.

Et pourtant, c'est en nous acceptant dans toute notre splendeur que nous permettons à nos talents, nos qualités, nos aptitudes de s'épanouir en toute beauté.

Nous ne sommes pas des êtres unidimensionnels. Nous sommes tous porteurs de dons uniques, de talents spécifiques, de qualités qui nous distinguent, de bonté qui nous caractérise, d'Amour sous toutes ses formes.

Sachons reconnaître toutes ces parties de nous qui ne demandent qu'à être aimées. Sachons aimer aussi nos zones d'ombres afin qu'elles permettent à nos zones lumineuses d'être encore plus rayonnantes.

Épanouissons-nous sous toutes nos coutures ! Le monde a besoin de notre beauté, de nos dons, de ce que nous sommes. Soyons généreux et laissons nos talents s'exprimer aussi loin qu'ils peuvent aller.

Car rien de ce que nous portons ne nous est accordé que pour nous-mêmes : tout ce que nous pouvons offrir doit contribuer à rendre ce monde meilleur et plus beau !

Qui serons-nous demain ?

Demain, nous serons la somme des décisions que nous avons prises hier et aujourd'hui.

Nous serons devenus ce que nos réactions aux événements que nous vivons aujourd'hui nous auront permis de maîtriser, d'apprendre sur nous-mêmes, sur la Vie.

Nous serons remplis de l'Amour que nous avons semé aujourd'hui et depuis notre naissance et de celui que nous aurons accepté de recevoir depuis ce temps.

Nous serons limités par la rancune que nous aurons cultivée et libérés par le pardon que nous aurons accordé.

Nous serons fatigués des batailles que nous aurons menées par orgueil et ravivés par l'acceptation pleine et entière de ce qui est, aujourd'hui, dans notre vie.

Nous serons plus petits des mesquineries dont nous ne nous serons pas encore débarrassées mais plus grands de la sérénité que nous aurons développée.

Nous serons assombris par l'étroitesse d'esprit dont nous aurons fait preuve mais radieux par l'ouverture du cœur que nous maintiendrons active.

Nous serons plus pauvres des conflits que nous aurons alimentés mais plus riches de la paix que nous aurons instaurée.

Chaque décision prise dans l'Amour contribue à nous rendre meilleurs, en nous débarrassant de ce qui nous encombre, surtout, et en cultivant ce qui nous élève.

Pour devenir un meilleur être humain demain, c'est aujourd'hui qu'il faut le décider.

Gardons l'œil ouvert !

La qualité du regard que nous posons sur les gens et les événements détermine notre niveau de bien-être et de bonheur.

Nous voyons seulement ce que nous voulons voir !

Si nous analysons les situations à partir de notre réaction brute, nous risquons de voir ce qui se passe à travers le prisme de nos blessures et de nos manques. Mais si nous jetions un regard aimant sur toute situation, si nous essayons de voir l'Amour en tout, nous aurions alors des réactions bien différentes ! Nous serions moins portés à critiquer, parce que nous verrions la situation d'une autre œil, à un autre niveau.

Nous verrions la douleur de l'enfant blessé dans l'adulte qui manipule ; nous verrions le petit bébé abandonné dans le grand adulte inquiet et dépendant ; nous sentirions la douleur d'un enfant négligé dans l'agressivité d'un adulte malheureux.

Nous verrions aussi la beauté dans les contretemps, ceux qui nous protègent souvent d'un malheur ou d'une catastrophe. Nous verrions l'Amour dans le soin que met la Vie à nous envoyer des enseignants qui nous éveillent sur ce que nous avons à guérir. Nous sentirions le cadeau derrière la déception, celui de nous amener à réduire nos attentes.

Et si au lieu de chercher à prendre l'autre en défaut, nous nous efforcions plutôt de le prendre en flagrant délit de bien faire ? Nous renforcerions alors les comportements positifs et les qualités plutôt que de maugréer sur les défauts et les irritants. Cette attitude est particulièrement bénéfique pour les enfants.

Gardons l'œil ouvert pour trouver la beauté en toute chose. Car l'Amour et la beauté sont présents à chaque instant de notre vie. C'est à nous de les trouver !

Ne cessons jamais de croire !

Tout est possible dans la Vie, même si tout n'est pas fait pour nous !

Malgré la solitude qui nous pèse parfois, il faut continuer de croire à la communauté, au couple, à la famille.

Même si nous avons connu quelques échecs Amoureux qui nous ont laissé un goût amer, il faut continuer de croire que l'Amour existe encore.

Même si nous n'avons pas eu une enfance facile, il faut croire que nous aussi avons droit au bonheur.

Même si nous peinons à boucler nos fins de mois, il faut continuer de croire que l'abondance est partout.

Il ne s'agit pas de pensées magiques, ni de visualisation positive passive. Il s'agit de Foi, d'espoir : croire que la Vie est bonne même quand elle semble nous donner des épreuves.

Parce que lorsque nous croyons en la beauté et la bonté de la Vie, nous demeurons confiants que tout aura du sens un jour. Et en demeurant confiants, nous agissons différemment que lorsque nous sommes désillusionnés.

C'est notre attitude ouverte qui attirera ce en quoi nous royons. Ce sont nos gestes confiants, nos décisions prises avec foi qui créeront l'ouverture de notre cœur à recevoir ce que la Vie mettra de beau sur notre route.

Ce jour-là, nous saurons, au plus profond de nous, qu'il valait la peine de continuer à croire à la beauté de la Vie.

Ce jour-là, nous comprendrons l'importance de veiller à garder allumée l'étincelle d'espoir que nous portons en nous.

La culpabilisation

Certaines personnes autour de nous essaient parfois de nous faire sentir coupables.

La culpabilisation de l'autre est l'un des pires parasites à toute forme de relation. Elle détruit la confiance, la communication, l'estime de soi, l'affection, l'Amour.

Quand quelqu'un tente de nous faire sentir coupables de quoi que ce soit, il se sert de manipulation et de la faible estime de soi que nous avons, de la vulnérabilité que nous laissons poindre face à cette relation. Quand nous nous sentons coupables après le commentaire de cette personne, c'est que nous lui avons donné momentanément le pouvoir de nous utiliser à ses propres fins.

Mais pourtant, personne ne peut nous faire sentir coupables si nous ne lui en laissons pas la possibilité. Nous sommes maîtres de notre réaction face aux tentatives de culpabilisation.

Si nous développons notre estime de soi, si nous la construisons et la renforçons chaque jour, inlassablement, alors personne ne peut nous faire sentir coupables.

S'aimer soi-même et s'accepter tels que nous sommes crée un rempart imperméable entre toute forme de culpabilisation et nous. En nous aimant nous-mêmes, nous éloignons les manipulateurs et les culpabilisateurs qui ne trouvent plus en nous la victime dont ils se régalaient. Peut-être même qu'en nous aimant suffisamment pour ne plus entrer dans leur jeu, nous leur montrerons une autre manière d'être en relation avec les autres, plus saine, plus authentique. Nous ne pouvons que leur souhaiter de se libérer de ce penchant dévastateur dans leur vie.

Quant à nous, continuons d'apprendre à nous aimer en tirant les leçons de ces expériences destinées à nous renforcer. Et refusons toute forme de culpabilisation.

C'est difficile ?

Presque tous les jours, des gens ont pour réponses à ces textes positifs qui visent à insuffler l'espoir et l'action chez ceux qui les lisent : « oui c'est vrai, mais c'est difficile ! » ou « facile à lire mais difficile à faire ! »

Qui a dit que la Vie c'est facile ? Qui nous a fait croire que nous pouvions tout avoir, tout obtenir sans effort ?

Nous sommes malheureux depuis 30 ans et nous voudrions que, du jour au lendemain, nous n'ayons qu'à lever le petit doigt pour que tout devienne facile et que le bonheur soit là, sur le pas de notre porte ?

Nous nous écrasons devant l'autorité ou les autres depuis 50 ans et nous croyons qu'après avoir assisté à une conférence sur l'estime de soi, nous nous éveillerons demain matin remplis d'Amour pour nous-mêmes, sans jugement ?

Rien ne s'obtient facilement dans la Vie. Mais en même temps, ce n'est pas obligé d'être difficile ! Tout dépend comment nous abordons toute situation. Oui nous devons fournir l'élan de départ, faire l'effort de poursuivre, maintenir la discipline de ne pas lâcher, garder espoir et persévérer malgré les obstacles, peu importe ce que nous voulons améliorer.

Mais si nous le faisons dans la confiance absolue que nous y arriverons, si nous décidons avec détermination que c'est à compter de maintenant que notre vie change, et si nous maintenons le cap malgré les vents et les marées, alors non, ce n'est pas si difficile que ça !

Ce n'est pas facile, certes, mais c'est tellement moins difficile que de demeurer dans un état de souffrance connu plutôt que d'aller confiant vers l'inconnu, plus porteur de bonheur que le présent que nous hésitons à quitter, malgré notre souffrance d'y rester.

Nous pouvons changer tout ce que nous n'aimons pas dans notre vie, mais il faut le décider, le vouloir, le maintenir, le faire et l'être. Les premiers pas sont plus ardus, mais une fois l'élan en marche, plus rien ne peut nous arrêter. Nous prenons enfin notre envol ! Et les résultats sont phénoménaux ! À ce moment-là, la difficulté de l'effort devient un stimulant et un moteur plutôt qu'un frein.

Ce jour-là, nous comprenons que tout est possible... et que ce n'est pas si difficile que ça !

Entrons dans le mouvement

Quand nous décidons qu'à partir d'aujourd'hui, nous faisons les choses différemment pour que notre vie change, nous mettons en action tout un processus qui se déploiera pour nous.

En effet, dès que nous changeons notre manière de penser notre Vie, que nous choisissons de suivre notre intuition, notre mission, nous envoyons un message clair à l'Univers que nous nous mettons en route désormais pour laisser émerger tout cette belle lumière que nous portons.

Que l'on y croit ou non, ce changement d'énergie de notre part va entraîner un changement d'énergie et de vibrations autour de nous qui fera en sorte que des situations et des personnes différentes, plus en affinité avec ce que nous sommes en train de devenir, se présenteront de plus en plus souvent sur notre route.

Plus nous nous alignons sur notre voie, plus l'Univers conspire à nous aider. Une fois les premiers pas faits, et lorsque notre décision est bien ferme, la magie commence à s'opérer dans notre vie : les coïncidences, les synchronicités se multiplient, des opportunités se présentent, des occasions de sortir de notre cadre habituel nous sont de plus en plus souvent offertes.

Et c'est là que nous devons entrer dans le mouvement de la Vie. C'est à ce moment que nous devons surmonter nos peurs, nos résistances, notre besoin de sécurité et foncer avec confiance vers cette nouvelle Vie plus grande que ce que nous avons connu jusqu'ici ! Nous vivons plein de petits et grands miracles.

Nous éprouvons alors tellement de gratitude que notre souhait le plus profond est d'encourager ceux qui nous entourent à suivre eux aussi leur propre voie et à entrer dans le mouvement de la Vie.

Levez les yeux !

Dans notre monde d'aujourd'hui, nous avons trop souvent les yeux rivés sur notre portable, la tête penchée. Beaucoup d'entre nous passons de fait la majeure partie de notre journée la tête inclinée sur nos rapports, notre ordinateur, notre clavier, nos consoles de jeux, nos comptes, nos notes...

Bien des gens marchent en textant, baissant la tête pour voir ce qu'ils écrivent alors qu'ils oublient d'être présents à tout ce qui se passe autour. Comment pouvons-nous saluer les gens si nous avons toujours la tête baissée ? Comment reconnaître nos amis dans la foule, si nous regardons le trottoir ?

Quand avons-nous vraiment regardé la dernière fois un coucher de soleil, un arc-en-ciel, un pommier en fleurs, si nous nous tenons comme des moutons broutant leur champ d'herbe ?

Plusieurs en sont même venus à marcher tête penchée, habitués à le faire en textant ou en téléphonant. Nous sommes en train de perdre nos possibilités de contacts humains directs, chaleureux, aimants, tactiles.

Bien que toute la technologie nous apporte de grands progrès, nous sommes en train d'oublier de vivre la vraie Vie, trop occupés à lire celle des autres en version numérique.

Levons la tête. Regardons le ciel.

Ayons un regard et un sourire pour ceux que nous croisons et que nous ne voyions plus.

Restons dans le moment présent, à voir ce qui se passe autour, à ce que la nature nous offre de si fabuleux, à voir les humains en chair et en os.

La Vie ne se trouve pas dans nos appareils électroniques : elle est partout au-delà. Et elle est magnifique!

Pour peu qu'on se rappelle de lever les yeux !

La traversée du désert

Beaucoup de gens traversent en ce moment de longs passages à vide, où presque tout semble s'écrouler autour d'eux en même temps : la vie de couple, la vie professionnelle et la sécurité financière sont mises à rude épreuve.

De fait, nous connaissons pratiquement tous, un jour ou l'autre, cette traversée du désert, où nous perdons tous nos repères, où tout ce qui nous semblait assuré ne tient plus, où même ce que nous aimions ne nous stimule plus.

Ces longs passages de vie sont pourtant parfois nécessaires pour nous permettre de redéfinir notre vie, nos choix. Ils nous demandent de nous réaligner avec ce qui compte vraiment pour nous.

Les prophètes de toutes allégeances s'entendent pour dire qu'il y a un moment où le faux doit s'écrouler pour faire la place au vrai, où le superficiel et le superflu doivent céder leur trône à la profondeur et à l'essentiel.

Si nous vivons actuellement notre propre traversée du désert, ne désespérons pas et ne lâchons pas ! Car de cette longue marche surgira une meilleure version de nous-mêmes, libérée de tout ce qui n'est pas important et concentrée sur ce qui donne un vrai sens à notre Vie.

Cette traversée nous sert à grandir et à nous délester de ce dont nous n'avons plus besoin. Elle nous oblige à revenir au cœur de nous, là où se trouvent la sérénité et l'Amour.

Cette traversée du désert n'est pas une épreuve : c'est une étape !

Nous sommes en train de nous libérer !

L'attachement ou le détachement ?

L'attachement à un résultat, à des biens, à une personne est l'une des plus grandes causes de souffrance qui soient.

Car c'est notre attachement à certaines choses ou certaines personnes, desquelles découlent notre peur de les perdre et notre désir qu'elles soient uniquement à nous, qui crée de la résistance, de la souffrance et la peur de les perdre.

Lorsque nous nous aimons vraiment, lorsque nous nous faisons pleinement confiance, nous pouvons aimer d'autres personnes, d'autres situations tout en reconnaissant que même si ces personnes ou ces choses ou situations n'étaient plus dans notre vie, notre estime de soi ne s'en trouverait pas amoindrie pour autant.

Bien sûr nous aurions de la peine, nous aurions un deuil à vivre, mais nous ne serions pas détruits par la perte d'une chose ou d'une personne à laquelle nous tenions, mais qui n'était pas vitale pour nous.

Car une fois que nous comprenons que seule notre estime de soi peut nous sauver de toute situation, nous pouvons aimer avec détachement, tout en étant engagés ; nous pouvons nous investir dans un emploi tout en étant conscients qu'il peut se terminer à tout moment et qu'un autre, fort probablement encore plus satisfaisant, se présentera à nous sous peu.

Nous fournissons les efforts nécessaires pour obtenir ce que nous souhaitons, mais nous demeurons détachés par rapport aux résultats. Nous pouvons perdre nos biens, notre maison, les choses et les personnes auxquelles nous tenons, mais nous, nous ne nous perdrons jamais, si notre estime de soi est solide.

C'est ça, l'estime de soi : savoir que l'on peut tout donner mais qu'on ne peut jamais rien nous prendre de ce qui nous est essentiel pour vivre.

Nous pouvons tout perdre, mais jamais notre estime de soi.

Ne retenons rien

Toutes ces rancœurs que nous entretenons envers quelqu'un, nous devons accepter de les laisser aller, de pardonner, et le plus tôt sera le mieux.

Tout ce que nous traînons de colère, de jugements, de rancunes, de vengeance et de bouderie envers quelqu'un nous enchaîne comme autant de boulets à nos pieds. Toutes ces énergies négatives nous empêchent de guérir, d'avancer et d'évoluer.

Tant que nous ne faisons pas la paix avec notre passé et notre présent, ils constitueront des obstacles à notre futur, à notre épanouissement, à notre bonheur.

Un jour nous comprenons qu'il vaut mieux ne rien retenir. Que nous devons laisser aller tout ce qui nous nuit et ne nous sert plus. Que s'entêter à vouloir avoir raison nous prouve que nous avons tort vis-à-vis nous-mêmes parce qu'en maintenant ces chaînes, nous nous nuisons à nous-mêmes.

Alors pardonnons, pleinement et complètement. Ne retenons rien. Libérons-nous de ce qui nous entrave. La réalisation de nos rêves, notre propre bien-être, notre estime de soi et surtout la paix intérieure nous attendent de l'autre côté du pardon.

Pardonner ne veut pas dire que le geste commis était acceptable ; cela signifie que notre paix intérieure est plus importante que de prouver que l'autre avait tort.

Laisser allons tout ce que nous avons retenu jusqu'à présent.

Car tout ce que nous retenons nous retient.

Donner un sens à notre souffrance

Nous avons tous connu notre lot de souffrances dans la Vie. Peut-être certains d'entre vous sont-ils encore dans cet état de souffrance qui les habite depuis plusieurs mois, voire plusieurs années.

Lorsque cette souffrance est causée par le départ d'un être cher, nous avons l'impression qu'elle ne cessera jamais, que nous devrons apprendre à vivre avec celle-ci.

Avec le temps, sans que nous en soyons conscients, cette souffrance devient même une partie de nous, à un point tel que bien des gens refusent de la laisser partir, même en thérapie, de peur de perdre une partie de leur identité ou de perdre le souvenir de l'être aimé.

Pour arriver à s'en sortir, ou à tout le moins à moins souffrir, il vaut mieux donner un sens à sa souffrance. Chacune a quelque chose à nous apporter, même si ce n'est pas évident au premier abord. Parfois, il nous faut des années avant de pouvoir lui donner un sens. Mais le jour où nous y arrivons, un doux sentiment de paix nous envahit. Parce que donner un sens à ce qui semble ne pas en avoir nous permet d'accueillir ce que la Vie a mis sur notre chemin avec un peu moins de résistance, cette fameuse résistance qui alimente tant notre souffrance.

On peut donner un sens à la plupart des choses que nous vivons en nous demandant ce que cela a changé en nous :

- Sommes-nous devenus plus compatissants envers la souffrance des autres ?
- Est-ce que cet événement douloureux nous a amenés à revoir nos priorités ? Nos valeurs ?
- Avons-nous plus le goût d'aider ceux qui souffrent ?
- Quelles qualités avons-nous dû développer pour passer à travers notre épreuve ?
- Sommes-nous devenus plus authentiques, plus simples, plus humains ?
- Avons-nous réorienté notre vie depuis ce temps ?
- Qu'avons-nous compris à travers tout ça ?
- Sommes-nous devenus une meilleure personne suite à cette souffrance ?

Il n'y a pas de remède miracle pour guérir de notre souffrance.

Il n'y a que l'Amour, de soi et des autres, le temps et le sens que nous pouvons y donner.

Et vous ? Quel sens pouvez-vous donner à votre souffrance, passée ou présente ?

Le pardon

Il y a toujours beaucoup de réactions aux articles sur le pardon. La plupart d'entre nous reconnaissons la nécessité de pardonner mais beaucoup d'entre nous résistons aussi à pardonner ce qui nous semble impardonnable !

Lorsque nous trouvons la faute de l'autre épouvantable, lorsque nous qualifions le geste ou la personne d'égoïste, de méchant, de cruel, de pervers, nous sommes dans le jugement. Et quand nous jugeons, nous sommes en dehors de l'Amour.

L'une des grandes sources de souffrance de l'être humain, c'est de croire que nous devons être traités par tous et en tout temps avec respect et justice. Lorsque cela n'est pas le cas, nous nous offusquons et nous jugeons. Lorsque les choses ne se déroulent pas comme nous pensons qu'elles devraient se dérouler, nous souffrons, nous rageons et nous jugeons. Plus nous jugeons, plus nous sommes loin du pardon.

Nous devons nous demander si le pardon vient du cœur ou de l'ego. Lorsque nous refusons de pardonner ce que nous considérons comme inacceptable, nous sommes dans l'ego, là où se nourrit notre souffrance et notre sentiment d'abus, d'injustice, de victime.

Alors que le pardon naît de la partie en nous où se trouve l'Amour ; il vient du cœur. Nous n'avons pas besoin d'aimer l'autre pour lui pardonner : nous avons besoin de nous aimer, NOUS.

Car que gagnons-nous à en vouloir à l'autre, peu importe sa faute ? Qu'est-ce que cela nous apporte de bon à ne pas pardonner ? Sommes-nous plus heureux en cultivant la rancœur, la vengeance, la haine ?

Ou nous aimons-nous assez pour choisir de vivre en paix ? Le pardon est un choix du cœur, c'est un choix d'Amour envers nous-mêmes. Le refus de pardonner est un choix de l'ego, qui croit que les choses n'auraient pas dû se passer ainsi et qui reste dans sa colère ou sa souffrance indéfiniment...

Souhaitons-nous de nous aimer assez pour pardonner ce qui nous a fait mal, peu importe la gravité de l'offense.

Car nous pouvons choisir d'être heureux plutôt que de vivre dans la colère et la haine.

Nous pouvons choisir de nous aimer en pardonnant, plutôt que de nous détruire en gardant rancune.

LE PARDON EST TOUJOURS UN GESTE D'AMOUR ENVERS SOI.

L'imperfection

Quoi que nous fassions, quels que soient les efforts que nous déployons, nous ne deviendrons jamais parfaits... parce que nous le sommes déjà !

Nous sommes parfaits dans nos imperfections. Nous sommes rendus exactement là où nous devons être rendus. Nous avons appris exactement ce que nous avions à apprendre et il nous reste à apprendre exactement ce dont nous avons besoin pour évoluer.

Nous n'avons pas besoin de nous mettre de pression pour que tout soit parfait quand nous recevons, quand nous allons à une entrevue d'emploi, quand nous performons devant un public. Nous n'avons qu'à être nous-mêmes.

Il ne s'agit pas de s'asseoir sur nos lauriers ni d'être indifférents ; il s'agit d'être qui on est, parfaitement nous-mêmes, avec nos qualités et nos défauts, dans notre recherche d'être meilleurs mais aussi dans notre acceptation de ce que nous sommes, ici, maintenant.

Donnons-nous le droit de ne pas être parfaits ! Avec toute notre ouverture du cœur pour continuer à être constamment une meilleure version de nous-mêmes demain, parce que nous aurons été plus aimants aujourd'hui, envers nous-mêmes et envers les autres.

Arrêtons de nous en vouloir quand nous estimons ne pas être à la hauteur. À la hauteur de quoi ? De l'opinion des autres ? Quoi que nous fassions, certains nous admireront et d'autres nous mépriseront.

L'important, c'est de s'aimer, soi, de s'accepter comme on est : imparfaits !

C'est dans l'imperfection que réside toute la beauté du monde.

Tout est parfait !

Notre propre vérité

Nous avons tous chacun notre chemin, nous avons tous notre propre vérité. C'est en voulant convaincre l'autre que notre vérité est meilleure que la sienne que les conflits commencent !

Tous autant que nous sommes, nous empruntons des chemins différents pour vivre notre vie. Certains se ressemblent, d'autres sont en parallèles et certains se croisent et s'opposent.

Mais ce que l'autre croit, ce qu'il choisit pour lui, ce qu'il accumule comme expériences, ce qu'il affirme comme étant une vérité, nous n'avons pas à le juger. Il n'est ni mieux ni pire que nous. Simplement différent.

Le chemin que chacun de nous avons pris pour en arriver à être ce que nous sommes aujourd'hui est exactement ce dont nous avions besoin, nous, pour évoluer dans notre vie. L'autre a des besoins différents des nôtres, et son chemin est bâti en fonction de son évolution.

Nous fonctionnons toujours différemment à partir de ce que NOUS sommes et d'où nous sommes rendus dans notre évolution. Chacun vit exactement ce qu'il a besoin de vivre en ce moment. Nous y compris.

Nous pouvons partager notre vérité avec les autres. Jamais l'imposer. Nous pouvons en discuter pour s'en enrichir mutuellement mais il ne sert à rien de s'engager dans un jeu de pouvoir à savoir qui a raison et qui a tort. Ce jeu de l'ego (et oui, encore lui !) nous n'en avons pas besoin parce qu'il nous nuit bien plus qu'il ne nous aide.

Respectons notre vérité et celle des autres. Personne n'a tort : nous avons tous des choses différentes à vivre pour comprendre ce que nous avons à apprendre. Nos enjeux sont différents, nos routes sont différentes. Et nos vérités aussi !

Chacun sa vérité !

Né sous une mauvaise étoile ?

Certains personnes croient être nées sous une mauvaise étoile : elles enchaînent les malchances, les relations infructueuses, les chagrins, les déceptions. Elles ont parfois l'impression que leur vie est placée sous le signe de la malchance ou du mauvais sort.

Et pourtant personne n'est né sous une mauvaise étoile ! Tout simplement parce que cela n'existe pas !

Nous pouvons avoir l'impression parfois que tout va de travers, que la malchance nous court après, que nous sommes toujours celui ou celle sur qui la guigne s'acharne. Alors que dans les faits, ces périodes plus intenses où tout semble mal aller sont des étapes de croissance importantes pour nous.

Si elles s'allongent dans le temps, c'est sans doute un indice que la Vie cherche à nous enseigner quelque chose que nous ne voyons pas ou que nous ne comprenons pas encore.

Et aussi, si nous croyons que nous sommes malchanceux, c'est exactement ce que nous attirerons : la malchance ! Savoir que cette période difficile est notre enseignant <u>pour l'instant</u> fait toute la différence avec le fait de croire qu'il s'agit de notre lot pour la vie.

Il vaut mieux s'arrêter et prendre le recul nécessaire quand tout va mal pour nous demander ce que nous avons à apprendre de cette situation plutôt que de croire que c'est toujours à nous que ça arrive.

Car les choses ne nous arrivent pas À nous, mais bien POUR nous !

Faire la paix

La Vie change rapidement. Le monde est en perpétuelle transformation, à un rythme de plus en plus accéléré. En un instant, tout peut changer dans notre Vie. Nous ne savons jamais ce qui nous attend.

Et pourtant, nous nous comportons comme si nous avions tout le temps devant nous.

Si nous savions qu'aujourd'hui est notre dernier jour sur terre, y a-t-il des personnes avec lesquelles nous aimerions nous réconcilier ? Avec lesquelles nous aimerions communiquer à nouveau ? Avec lesquelles nous voudrions faire la paix ?

Pourquoi ne pas le faire maintenant ? Appelons ou recontactons les gens avec qui les communications sont coupées depuis trop longtemps. Faisons la paix avec ce qui nous semble aujourd'hui beaucoup moins important, beaucoup moins grave qu'à l'époque.

Toute notre Vie est une question d'Amour. Aurons-nous assez aimé ou nous serons-nous laissés emporter par notre besoin insidieux d'avoir raison ? Nous ne donnerons jamais trop d'Amour. Alors qu'attendons-nous pour en donner à ceux à qui nous en voulons pour de futiles raisons ?

Renouer avec des personnes que nous avons perdues de vue, faire la paix avec des amis avec qui nous nous sommes embrouillés pour des peccadilles, ramener l'Amour dans une relation familiale que nous trouvions insatisfaisante autrefois, tous ces gestes d'ouverture du cœur et d'Amour, pour l'autre comme pour soi, nous apporteront un immense sentiment de paix intérieure.

Si nous voulons que la paix règne dans le monde, il faut d'abord la créer en nous et autour de nous.

Faire la paix avec notre passé, c'est aussi faire la paix avec soi-même.

Faites une différence !

Tous autant que nous sommes, nous pouvons faire une différence dans la Vie de ceux qui nous entourent, de ceux qu'on rencontre et pourquoi pas, dans ce monde !

Nous pouvons tous ensemble contribuer à rendre ce monde meilleur, à semer plus d'Amour partout, à laisser tomber les jugements inutiles et à surmonter nos peurs.

Si au lieu de juger l'autre, nous nous demandions plutôt comment nous pourrions l'aider?

À chaque moment de notre vie, nous avons le choix : ne rien faire ou faire une différence.

Nous n'avons pas besoin d'attendre d'être parfaits pour faire une différence, nous n'avons pas besoin de prendre des cours pour savoir comment nous pouvons influencer positivement la vie des gens. Il suffit d'écouter son cœur !

Que ce soit à petite ou grande échelle, nous pouvons chaque jour choisir d'écouter notre élan intérieur et aller vers les autres avec des intentions de bonté, de compassion, de service et d'Amour.

Quand nous commençons à nous aimer nous-mêmes, nous comprenons que nous avons encore plus d'Amour à donner et que nous avons encore plus besoin d'aider les autres en faisant une différence positive, que ce soit à petite ou grande échelle. Le format n'a pas d'importance, le nombre de personnes que nous toucherons directement n'a pas d'importance. Il suffit parfois de toucher positivement une seule personne pour que celle-ci à son tour améliore la journée ou la Vie de dizaines d'autres, qui feront de même auprès de milliers de personnes. C'est ainsi que nous pouvons changer le monde.

Ce qui compte, c'est de faire une différence positive dans la vie d'au moins une personne par jour. C'est ma devise depuis des années.

Et vous, comment ferez-vous une différence positive aujourd'hui dans la Vie de quelqu'un?

L'alignement

Lorsque nous écoutons notre voix intérieure, que nous suivons notre élan et nos intuitions, l'Univers conspire toujours à nous aider et déploie devant nous tant de synchronicités que l'on ne peut que croire aux miracles !

Lorsqu'on s'aligne avec notre vraie nature, lorsque l'on se met à l'écoute des besoins de notre âme, lorsque l'on ravive nos rêves les plus profonds, la Vie se charge avec joie de nous accompagner dans notre nouveau cheminement.

Lorsque nous prenons une décision importante, et que presque immédiatement les choses se mettent en place d'elles-mêmes pour contribuer à sa réalisation, alors nous savons que nous sommes alignés avec notre vrai Moi, avec notre mission, avec notre étoile. Nous disons même parfois que « les planètes sont alignées » pour désigner cet état de facilité où tout semble agir de concert avec notre décision.

Lorsque nous peinons à choisir, que l'élan ne monte pas spontanément, que nous sommes indécis, c'est que nous ne sommes pas encore prêts. Ou que la décision n'est peut-être pas la meilleure en ce moment.

Chaque jour nous pouvons être les témoins privilégiés de ces personnes qui s'alignent avec leur mission : les bonnes personnes se présentent au bon moment, l'aide arrive de façon inattendue, les coïncidences se multiplient pour que cet alignement soit maintenu à son plus haut niveau.

Nous pouvons tous, et nous devrions tous, écouter notre voix intérieure, nos intuitions, nos élans, sans nous soucier de l'opinion des autres quant à nos choix profonds. Si nos choix résonnent en nous, et si les miracles se multiplient en nous facilitant les choses, alors c'est que nous sommes alignés avec quelque chose de plus grand que nous.

C'est que nous sommes à la bonne place. À *notre* place.

De l'ombre à la lumière

Nous sommes dans une ère de grandes transformations. Nous n'avons plus tant à « acquérir » des choses ou des qualités qu'à nous libérer de tout ce qui ne nous est plus utile.

Tous les paradigmes que nous avons hérités de nos parents nous conviennent-ils encore ? Toutes ces croyances dans lesquelles nous avons été élevés nous appartiennent-elles toujours aujourd'hui ? Il faut savoir remettre en question ce qu'on a reçu et ne garder que ce qui correspond à ce que nous sommes vraiment, maintenant.

Comme nos adolescents le font avec nous, nous devons aussi à nouveau faire le ménage de ce que nous avons « acheté » de la part des autres et ne garder que ce qui sert vraiment notre évolution.

En nous libérant de tout ce qui nous encombre, nous faisons de la place pour le meilleur, qui autrement ne pourrait venir à nous.

En faisant la paix avec nos zones d'ombre, en apprenant à les aimer, on apprend à les transcender, sans que cela ne demande un effort surhumain.

Ceux que nous rencontrons et qui nous dérangent tant sont justement mis sur notre route pour nous faire découvrir nos propres zones d'ombre, pour que nous apprenions à les aimer, ces parties de nous qui manquent tant d'Amour, pour que nous mettions de la lumière là où il y avait de la noirceur.

Ne laissons rien dans une zone de non-Amour. Mettons la lumière partout où c'est possible. Éclairons de notre Amour nos zones d'ombre et offrons aux autres cet Amour inconditionnel qui leur permettra à leur tour de nettoyer leurs zones sombres et de reprendre espoir.

Et soyons reconnaissants pour ceux qui nous permettent de mettre de l'Amour là où il n'y en avait pas l'instant d'avant !

Où trouver le bonheur ?

La plupart d'entre nous cherchons le Bonheur à l'extérieur de nous. Nous avons des rêves, des souhaits, des désirs, des envies. Nous croyons que si nous les réalisons, nous serons heureux.

Certains croient qu'en rencontrant l'âme sœur, le Bonheur viendra avec. Ou qu'en obtenant le poste tant convoité, le Bonheur sera au rendez-vous.

Beaucoup d'entre nous avons des rêves auxquels nous tenons beaucoup, au point qu'il nous tarde de les réaliser pour enfin nous réaliser. Comme si la réalisation du rêve nous apporterait le Bonheur que nous cherchons tant.

Pourtant, le Bonheur ne se trouve pas à l'extérieur de nous. Il ne nous attend pas au détour d'une rencontre, d'un emploi, de la concrétisation d'un rêve.

Le Bonheur, c'est ce que nous portons EN nous ; il vient de la manière dont nous pensons, de notre manière d'envisager la Vie, de notre manière de réagir à ce qui nous est offert chaque jour.

On n'atteint pas le Bonheur lorsque notre rêve est atteint : on cultive le Bonheur à chaque pas que nous faisons dans la réalisation de nos rêves ; à chaque pensée que nous avons face à ce qui se présente. On réalise nos rêves un geste à la fois, chaque jour.

Ce n'est pas la destination qui importe, c'est le chemin !

De même, le Bonheur ce n'est pas un but, c'est un état.

Ça se passe en nous.

Et le plus beau, c'est que nous pouvons le faire rejaillir autour de nous.

Nous ne sommes pas des victimes !

En effet, quoi que nous vivions, nous ne sommes pas des victimes. Par contre, nous avons toujours le choix de nous considérer comme une victime ou de voir les choses autrement et de reprendre la maîtrise de sa vie.

Un entraîneur d'auto-défense pour les femmes disait toujours lors des exercices pour se défendre contre un agresseur : « Souvenez-vous, vous n'êtes pas une victime ! » Chaque fois, toutes les participantes retrouvaient instantanément leur pouvoir et appliquaient avec plus d'assurance et de vigueur les techniques enseignées.

Lorsque nous sommes tentés de nous apitoyer sur nous, de trouver notre vie difficile, de nous complaire dans le « pauvre petit moi », souvenons-nous que nous ne sommes pas une victime !

Nous sommes le capitaine de notre bateau, le maître de nos choix. À tout moment, nous pouvons décider de réagir autrement à ce qui nous arrive et de récupérer notre pouvoir. Nous pouvons décider de reprendre notre pouvoir et la maîtrise de nos réactions et de nos actions et de modifier la suite des choses.

Nous sommes souvent dans l'état de victime sans nous en rendre compte. Si nous nous plaignons souvent, si nous envions les autres, si nous sommes jaloux, si nous gardons rancune, c'est que nous nous croyons victimes. En agissant ainsi, nous donnons à l'autre le pouvoir de nous faire du mal. Pourtant, personne ne peut nous faire du mal sans notre consentement. Reprenons notre pouvoir.

Tout arrive pour une raison : nous faire évoluer vers toujours plus d'Amour. Même le pire qui puisse nous arriver a cette fonction.

Si nous accueillons tout ce qui arrive avec le cœur et l'esprit ouverts et si nous nous efforçons d'y trouver la leçon d'Amour qui s'y trouve, nous ferons rapidement des pas de géant dans notre évolution vers un plus grand mieux-être personnel.

Rappelons-nous : nous ne sommes jamais des victimes !

Gratitude

À quand remonte la dernière fois où nous avons vraiment pris le temps d'éprouver de la gratitude ? Pas seulement éprouver de la gratitude, mais prendre le temps de le faire, de la ressentir, de la laisser monter, nous envahir, nous inonder de bonheur ! De l'étirer même, pour la faire durer longtemps !

Dans notre vie où tout va vite, lorsque nous vivons des moments de joie intense, nous sommes contents sur le coup mais trop souvent nous passons rapidement à autre chose, déjà occupés à régler la prochaine affaire ! Nous sommes heureux un court instant, si nous y pensons nous disons merci puis nous poursuivons nos activités.

Pourtant, la gratitude est un puissant aimant à bonheur. C'est d'ailleurs un ingrédient essentiel pour être heureux. Mais pour cela, il faut vivre dans un ÉTAT de gratitude. Il faut accepter de laisser monter les émotions de joie pure, sans chercher à les retenir pour ne pas avoir l'air trop sensible ou parce que ce n'est pas le temps. Nous devons nous arrêter pour prendre le temps de vivre ces instants de grâce, quelle que soit la forme qu'ils prennent.

Il faut vivre intensément sa gratitude, en la savourant, en s'en imprégnant, en étant totalement présents à cette fontaine de bonheur. Pour cela, pas besoin de grandes réalisations ou de grands miracles.

Déjà tous les petits miracles du quotidien, les imprévus, les surprises, les apprentissages, les belles personnes qui nous font du bien tout comme les personnes plus difficiles qui nous font grandir, l'éveil de notre conscience, l'ouverture de notre cœur et le sentiment d'être à la bonne place, peu importe où c'est, devraient nous amener à être totalement reconnaissants d'être ici, maintenant, capables de ressentir ces émotions, capables d'apprécier ces cadeaux.

Que notre gratitude vienne du cœur et qu'elle transforme notre âme en un immense MERCI pour tout ce que la Vie nous offre, à chaque instant !

Sortir du passé

Combien de fois restons-nous accrochés à un événement difficile et marquant de notre passé que nous revivons en boucle dans notre esprit, en souffrant encore juste à y penser ? Malgré la gravité ou l'intensité de tout événement, nous continuons de nous faire souffrir des années plus tard en y restant accrochés. Pour illustrer mon propos, j'aime bien cette histoire :

« Un vieux moine et un jeune moine se promenaient dans la forêt, discutant de la vie. Lorsqu'ils arrivèrent à une rivière, ils virent une jeune femme qui voulait la traverser mais qui n'y arrivait pas. Alors le vieux moine la pris sur son dos et traversa la rivière en la portant, sous les yeux horrifiés du jeune moine. Rendus sur l'autre rive, la jeune femme remercia le vieux moine et continua sa route, tout comme nos deux moines qui reprirent le chemin du monastère. Le jeune moine fulminait mais ne disait pas un mot. Après des heures de marche, il parla enfin, incapable de se contenir plus longtemps : « Maître, comment avez-vous osé transporter une femme sur votre dos ? Nous n'avons pas le droit de toucher au corps d'une femme, il nous est interdit de le faire et vous le savez bien ! » Le vieux moine, après quelques secondes de silence, lui répliqua : « Tu es bien malheureux, mon fils. Moi j'ai déposé la jeune dame sur l'autre rive il y a déjà plusieurs heures ; toi tu la portes encore ! »

Lorsque nous restons coincés face à un événement du passé, aussi traumatisant soit-il, nous nous empêchons de vivre le présent, nous le teintons de notre peur, notre colère, notre rancœur, notre souffrance. Nous nous empêchons de vivre de notre vie et de poursuivre notre évolution parce que nous sommes encore dans le passé.

Il est temps alors d'aller chercher de l'aide pour amorcer le processus de guérison d'un tel événement et de reprendre les rênes de notre vie. Tant que nous restons soudés à notre souffrance, il nous est difficile, voire impossible, de nous en libérer. Il faut faire le deuil de notre douleur pour pouvoir nous redonner le droit à la paix intérieure, au bonheur, à la libération. Il est possible que nous n'y arrivions pas seuls, mais l'aide existe.

Nous avons tous le droit au bonheur, mais nous avons peut-être oublié comment faire. Aimons-nous assez pour nous donner le droit et la possibilité de guérir de nos souffrances. Personne ne nous demande de continuer à avoir mal.

NOUS POUVONS TOUS NOUS SORTIR D'UN PASSÉ DOULOUREUX !

Nous libérer de ce boulet que nous traînons depuis des années pourrait bien être la plus grande preuve d'Amour envers nous-mêmes que nous puissions nous donner.

Demandez !

Beaucoup d'entre nous cherchons des réponses partout où nous le pouvons. Nous ouvrons un livre « au hasard » et souhaitons y trouver notre réponse. Nous consultons un coach, un psychologue pour trouver nos réponses à ce qui nous tourmente.

Nous restons pris dans un engrenage inconfortable, où nous avons l'impression que rien n'aboutit. Mais trop souvent, nous oublions de poser la question clairement ! Nous sommes flous dans nos attentes, alors les réponses qui nous sont offertes sont aussi floues ! Nous voulons savoir mais nous oublions de préciser quoi !

Tout comme lorsque nous faisons une recherche sur Internet : si nous voulons une information précise, nous devons entrer la bonne question avec les mots précis.

Avant d'adresser une demande à qui que ce soit, énonçons donc notre question clairement. Que voulons-nous au juste ? Pour quelle question avons-nous besoin d'avoir la réponse ?

Si nous avons de la difficulté à demander de l'aide aux autres, nous pouvons d'abord demander de l'aide à l'Univers. Une fois que notre question, que notre demande est clairement formulée – par exemple : » montre-moi clairement le prochain pas à faire pour réaliser mon rêve » ou « que dois-je comprendre de cette situation pour en sortir enfin ? » ou « quelle route dois-je prendre maintenant ? » etc., il nous faut alors être à l'affut des réponses.

Celles-ci peuvent provenir de différentes sources et sous différentes formes : une intuition qui monte, une phrase à la télé, une rencontre fortuite, une discussion avec un ami, un passage d'un livre, un texte le matin... Nous aurons toujours notre réponse si notre question est claire. Car l'Univers nous répond toujours.

Mais il faut se rappeler que Non est aussi une réponse ! Et qu'alors, cela signifie que c'est la meilleure option pour nous en ce moment. Le meilleur moyen pour le savoir, c'est encore de poser la question clairement !

Quand la vie nous donne des citrons...

Nous n'obtenons pas toujours ce que nous voulons dans la Vie, mais nous recevons toujours ce dont nous avons besoin !

Je sais, plusieurs répondront en demandant en quoi ils pouvaient bien avoir besoin de telles épreuves, de telle souffrance. Seule la Vie le sait. La Vie ne se trompe jamais. Que cela nous plaise ou non, elle sera toujours plus forte que nous et surtout, plus sage aussi !

Mais comme elle ne répond pas toujours comme nous le souhaiterions, nous avons parfois tendance à lui en vouloir de ne pas nous donner ce que nous réclamons.

Pourtant, avec le recul, nous pouvons constater que le fait que certains rêves n'aient pas été exaucés dans le passé nous a probablement permis de vivre de plus grands rêves encore, ou de prendre une nouvelle tangente dans notre vie que nous n'aurions sans doute pas prise si les choses s'étaient passées à notre façon.

Notre part, c'est de définir nos rêves, de les lancer dans l'Univers avec une demande claire, de faire le premier pas pour nous mettre en action et de laisser la Vie faire le reste du travail en nous guidant à chaque étape. Notre rôle ensuite, c'est de composer avec les réponses de la Vie, qu'elles nous plaisent ou non. On peut chercher à les modifier, les améliorer, ou les accepter, faire avec et en être tout de même pleinement reconnaissants. Parce que nous savons que c'est ce dont nous avons besoin à ce moment-ci. Autant en tirer le meilleur parti possible.

Sachant que tout est parfait, et que tout sert notre plus grand bien, quand la Vie nous donne des citrons, nous pouvons toujours en faire de la limonade !

Faire le premier pas

Avez-vous remarqué à quel point les moments importants de notre Vie consistent à d'abord faire le premier pas ?

Le bébé qui se met debout et qui commence à marcher fait le premier pas qui changera toute sa vie ! Tout un monde nouveau lui est maintenant accessible. Et même s'il est mal assuré, s'il trébuche, ce premier pas sera suivi de nombreux autres jusqu'à ce qu'il soit solide et marche seul.

Quand l'enfant entre à l'école, il est encouragé à faire les premiers pas pour se faire des amis en allant vers les autres enfants, sinon, il restera peut-être seul dans son coin et sera intimidé par les autres.

Quand nous cherchons un emploi, nous devons faire les premiers pas, envoyer notre demande d'emploi, contacter l'employeur si nous voulons obtenir le poste convoité.

Lorsque nous nous brouillons avec quelqu'un que nous aimons, l'un de nous deux doit faire le premier pas pour aller vers l'autre, pour amorcer la réconciliation, pour rétablir l'harmonie, sinon, chacun boude dans son coin et met la relation en péril.

Lorsque nous voulons réaliser l'un de nos rêves, nous devons faire le premier pas, poser la première pierre de notre édifice, aller vers ce que nous souhaitons réaliser en posant un premier geste, sinon notre rêve ne se réalisera pas tout seul sans cet effort du premier pas.

Pour vivre une vie bien remplie, nous devons faire régulièrement un premier pas en dehors de notre zone de confort, sinon notre vie ne s'améliorera pas. C'est en osant avancer que nous nous donnons plus de chances d'être heureux en découvrant de nouveaux horizons.

Chaque jour de notre Vie, nous devons faire un premier pas quelque part. Quel sera le vôtre aujourd'hui ?

L'intention

Le pouvoir de notre intention est l'une de nos plus grandes forces, mais aussi l'une des plus méconnues.

Lorsque nous sommes négatifs, que nous critiquons tout et tous, que nous refusons de voir le beau, la Vie se charge de nous donner raison. Nous vivrons alors plus de négatif, nous aurons plus de raisons de nous plaindre et nous critiquerons davantage.

On pourrait croire alors que lorsque nous désirons ardemment une chose et que nous y consacrons nos pensées, notre rêve va se réaliser.

Mais la Vie ne répond pas à nos souhaits, ni à ce que nous voulons, elle répond à ce que NOUS SOMMES.

Si nous voulons être heureux, il nous faut créer les conditions dans notre environnement pour être heureux. Il faut agir avec bonté et apprécier chaque moment avec reconnaissance. Il faut vivre dans l'Amour de soi, des autres, si nous voulons que la Vie nous réponde de la même manière.

En ayant constamment de bonnes intentions envers les autres, en vivant à partir de l'Amour, en procédant toutes nos intentions de l'Amour que nous portons, nous récolterons encore plus d'Amour, de beauté et de positif dans notre vie.

La joie attire la Joie, l'Amour attire l'Amour.

La Vie répond toujours à ce que nous sommes. Soyons bons si nous voulons que la Vie soit bonne avec nous !

La peur de souffrir

Nous avons tous eu notre part de déceptions, de peines d'Amour, de trahisons. Et plus nous en avons connu, plus nous voulons éviter de revivre ces émotions douloureuses.

S'installe alors la peur de souffrir, celle qui nous retient de nous investir, de nous engager, d'aimer complètement à nouveau. Celle qui nous empêche de faire confiance, d'embarquer avec enthousiasme. Nous agissons alors comme si la peur de souffrir pouvait nous éviter de souffrir...

Et pendant que nous nous retenons de nous investir à nouveau, nous nous privons ainsi de ce qui pourrait nous rendre heureux dans le moment présent. Nous nous empêchons de vivre pleinement, au cas où nous aurions mal un jour...

La peur de souffrir ne nous protège pas de la souffrance : elle nous prive du bonheur présent.

Personne n'a de garantie sur quoi que ce soit dans sa vie. Nous avons plus de chances d'être heureux en nous investissant à fond dans le moment présent. Si un jour, la souffrance survient, alors nous y ferons face à ce moment-là.

Ne perdons pas notre présent à avoir peur du futur à cause de blessures du passé.

Nous sommes fragiles ? Et alors ? N'est-ce pas dans la fragilité que réside toute la force de notre vulnérabilité ?

N'est-ce pas dans la délicatesse d'une plante que réside sa grande beauté ? Se dit-elle qu'elle ne sera pas assez forte pour survivre à la prochaine tempête ? Non, elle vit, tout simplement. Alors vivons, pleinement.

Accepter de recevoir

Pour beaucoup d'entre nous, il est encore difficile d'accepter de recevoir. Nous sommes beaucoup plus à l'aise de donner que de recevoir. Pourtant, il est aussi important de savoir recevoir sans malaise que de savoir donner sans compter.

Depuis que nous sommes petits que l'on nous apprend à partager, à donner, à rendre service, à être gentils. Mais rares sont ceux d'entre nous à qui on a montré à recevoir avec grâce, accepter l'aide d'autrui, être reconnaissants pour les présents et accueillir la gentillesse des autres.

Bien entendu, la plupart d'entre nous affirmerons qu'il y a beaucoup plus de plaisir à donner qu'à recevoir : voir l'étincelle dans les yeux de celui qui reçoit, observer sa surprise et sa joie, accueillir ses manifestations de reconnaissance sont certes des cadeaux en soi pour nous qui aimons tant donner.

Mais il faut nous rappeler que les autres aussi aiment donner, gratuitement, juste pour faire plaisir, pour nous rendre heureux, pour manifester leur affection envers nous. Nous ne pouvons pas les priver de leur propre joie de nous donner !

La Vie appelle l'équilibre dans tout. Plus nous nous ouvrons à recevoir des autres, plus nous recevrons. Plus nous donnons, plus nous recevrons, mais pas nécessairement par la même voie. Lorsque la Vie nous gratifie de ses cadeaux, il nous faut savoir dire oui avec enthousiasme et reconnaissance. Lorsque l'opportunité que nous souhaitions tant se présente, il nous faut l'accueillir même si elle n'est pas exactement comme nous voulions qu'elle soit.

Refuser de recevoir, c'est comme dire non à la Vie, c'est dire à l'Univers que nous ne voulons pas de cadeaux, que nous préférons bûcher fort pour peu de retour.

Dans l'Amour inconditionnel, il n'existe pas de comptabilité entre ce qu'on donne et ce qu'on reçoit. Par période, nous donnons plus ; à d'autres moments nous recevons davantage. Les dons ne proviennent pas toujours des mêmes personnes et ce que nous donnons ne vise pas toujours les mêmes gens.

Ne cherchons pas à établir un tableau des crédits et des débits dans le don : c'est la Vie qui se charge de cet aspect. Tout nous revient tôt ou tard, le bien que nous faisons comme le mal. Tout ce que nous offrons de manière désintéressée nous revient au centuple. De même, tout ce que nous acceptons de recevoir continue de se multiplier pour nous-mêmes et pour celui qui le donne. Dire non aux cadeaux, des autres ou de la Vie, c'est se fermer à l'abondance de la Vie sous toutes ses formes.

Notre capacité à recevoir de l'Amour est tributaire de notre capacité à nous en donner. Plus nous acceptons de recevoir, plus l'abondance se manifeste dans notre Vie sous tous ses aspects. Apprenons à recevoir comme nous donnons : simplement, avec Amour.

Ça fait partie de la Vie. Et c'est ça aussi, apprendre à s'aimer.

Comment se pardonner à soi ?

Bien des gens pardonnent pour être en paix, d'autres refusent de pardonner tant que l'autre personne n'en a pas fait la demande. Certains préfèrent la vengeance ou garder rancune. Toutes ces formes de pardon – ou de non-pardon- représentent notre attitude envers les autres. Mais aussi de notre attitude envers nous-mêmes.

Qu'en est-il lorsque vient le moment de se pardonner à soi ? Les études semblent démontrer que nous avons moins tendance à nous pardonner qu'à pardonner aux autres. Et moins nous nous pardonnons, moins nous sommes portés à pardonner aux autres.

Pourtant, comme rien n'est inutile et que tout a un sens, les « erreurs » que nous avons commises et que nous avons de la difficulté à nous pardonner sont aussi des étapes importantes de notre croissance. Nous avons fort probablement appris des leçons importantes sur nous, sur ce que nous ne voulons plus répéter.

Rares sont les occasions où nous avions vraiment l'intention de blesser quelqu'un. Nous avons plutôt été malhabiles, inconscients ou en réaction, sur la défensive. Si nous sommes capables de demander pardon à l'autre et si celui-ci nous pardonne, nous devons le faire pour nous-mêmes aussi. Il ne sert à rien de traîner une culpabilité qui nous ralentit dans notre évolution.

Si l'autre ne nous pardonne pas, il nous revient de faire la paix avec ce que nous regrettons : nous avons fort probablement fait du mieux que nous pouvions à ce moment-là. Qu'est-ce que l'Amour essaie de nous enseigner à travers cette culpabilité ?

Et à partir de maintenant, si nous gardons nos intentions pures, si tous nos gestes et nos paroles procèdent de l'Amour et sont guidés par l'Amour, nous n'aurons plus besoin de nous pardonner quoi que ce soit puisque nous ferons toujours du mieux que nous pouvons, sans mauvaise intention et avec Amour. Si d'aventure nous blessons l'autre, ce ne sera pas volontairement ; l'autre demeure responsable de sa réaction. Nous pouvons toujours nous excuser, mais nous ne sommes pas coupables de sa réaction, puisque nous étions bien intentionnés.

En nous branchant sur l'Amour, en toutes circonstances, et en laissant l'Amour guider nos gestes, nos paroles et nos pensées, nous agissons toujours de la meilleure façon possible. Ainsi, nous ne créons rien de nouveau à nous pardonner. Et nous sommes en paix avec notre âme et conscience.

Car se pardonner à soi-même, c'est la plus belle preuve d'Amour de soi.

Trouver le sens

Lorsque nous sommes coincés dans une impasse dans notre vie, nous avons trop souvent l'impression que nous n'arrivons pas à en sortir, que nous ne voyons pas l'issue, que nous ne comprenons pas ce qu'il y a peut-être à comprendre.

Plutôt que de nous décourager, nous pourrions plutôt revisiter les autres moments de notre vie où nous avons vécu d'autres impasses qui nous semblaient aussi insurmontables.

Si nous revoyons ces situations antérieures sans jugement, sans restriction, nous pourrions mieux comprendre comment notre évolution procède. Car chaque personne qui est venue vers nous, chaque événement qui a résulté en un changement majeur dans notre vie nous ont offert chaque fois une opportunité incroyable d'emprunter une autre direction dans notre parcours.

Chaque fois que nous avons eu l'impression d'être coincés, il s'en est suivi une nouvelle prise de conscience, un nouvel apprentissage qui nous a amenés plus loin dans notre cheminement personnel.

Parfois nous avons appris ce que nous ne voulions plus répéter, mais à d'autres moments nous avons fait un bond important de notre niveau de conscience face à notre Vie elle-même. En revisitant ces événements charnières de notre passé, nous éprouverons sans doute de la gratitude envers la Vie pour ce que nous y avons appris, et nous pourrons à nouveau avoir confiance dans le processus actuel dans lequel nous semblons être embourbés.

Nous saurons que celui-ci constitue une étape importante dans notre évolution, malgré les difficultés qu'il peut présenter. Car la Vie ne nous inflige rien, elle nous gratifie de tout, même de ce qui nous semble difficile ou douloureux.

Lorsqu'il y a un blocage dans une situation, il y a peut-être une résistance inconsciente de notre part, qui nous demande encore plus d'Amour envers nous-même et envers les autres. Que pouvons-nous apprendre ici maintenant dans cette situation plutôt que de résister et nous engager dans une plus longue période de souffrance ?

Il y a des enseignants et des enseignements partout. Il n'en tient qu'à nous de nous ouvrir à ce que la Vie semble vouloir nous montrer en ce moment.

Tomber en Amour : la rencontre de deux icebergs ?

Nous aimons probablement tous tomber en Amour, découvrir une nouvelle personne, la trouver extraordinaire, apprendre à l'apprivoiser. Cette personne nous paraît charmante, aimable, agréable, intelligente et bien d'autres qualités que notre ex ne semblait plus avoir !

Et puis le temps passe et nous nous retrouvons un jour avec des enjeux similaires à notre dernière relation : lui aussi boit trop, elle aussi est volage, il ne veut pas s'engager lui non plus, elle est contrôlante elle aussi... Que s'est-il passé au juste pour que nous nous retrouvions dans la même situation, ou à peu près ?

Tomber en Amour, c'est comme la rencontre de deux icebergs : nous tombons en Amour avec la partie hors de l'eau mais inconsciemment, c'est la partie submergée qui nous a attirés.

Nos relations intimes sont celles qui représentent souvent nos plus grands défis sur le plan de notre évolution.

Deux êtres qui tombent en Amour ont souvent les mêmes blessures d'enfance à guérir.

Ils s'attirent parce que l'autre agira souvent inconsciemment comme miroir pour amener à un niveau conscient ce qui doit être guéri de part et d'autre.

Notre inconscient nous dirige bien plus que nous ne le pensons ! C'est souvent la partie inconsciente, nos souffrances non résolues, qui nous poussent à faire des choix que nous croyons conscients.

Dans une nouvelle rencontre, nous sentons inconsciemment la partie submergée de l'autre, qui est attirée par notre propre partie sous l'eau, même si ces parties agissent à notre insu. Et c'est toute la partie de l'iceberg que nous ne voyons pas qui constituera notre véritable défi, à tous les deux.

On comprend mieux dans ces circonstances toute l'importance de guérir nos propres blessures, d'apprendre à nous aimer nous-mêmes afin d'attirer une personne plus en harmonie avec nous et de créer le pont entre nous deux.

C'est en guérissant nos propres blessures que nous connaîtrons enfin un autre type de relation, celle où nous pourrons cheminer à deux pour évoluer dans l'Amour et la conscience, plutôt que d'attirer toujours le même type de relation qui nous renvoie à nos blessures dont nous devons finir, tôt ou tard, par prendre soin.

Savoir s'aimer d'abord, pour mieux aimer l'autre ensuite.

Le meilleur parapluie

Le meilleur parapluie qui soit contre le mauvais temps, contre les coups durs, contre les averses imprévues est disponible pour chacun d'entre nous.

Il peut agir aussi comme paratonnerre contre les orages terrifiants et les tempêtes subites mais aussi comme parasol pour les jours de canicule écrasante.

Le meilleur parapluie qui soit pour faire face aux défis de tous les jours dans notre vie, c'est notre estime de soi.

Quand notre estime de soi est solide, nous faisons face avec courage aux aléas de la Vie, car nous savons que nous portons en nous toutes les ressources nécessaires pour y faire face. Nous faisons confiance à la Vie car nous savons qu'elle ne veut que notre bien et que toute épreuve vise à nous renforcer.

Nous accueillons les imprévus l'esprit ouvert car nous savons que nous recevons toujours ce dont nous avons besoin à ce moment précis.

Nous accueillons les autres le cœur ouvert car nous savons que chacun a un rôle à jouer dans notre scénario de Vie et que nous avons notre rôle à jouer dans le leur.

Si nous avons la chance d'avoir des enfants autour de nous, mettons toute notre énergie et notre Amour à les aider à développer leur estime d'eux-mêmes car nous savons qu'ils bâtissent ainsi un rempart contre les mauvais jours et une base immuable pour leur développement.

Répandons l'Amour autour de nous afin que tous ceux que nous rencontrons ne se sentent jamais plus petits en notre présence mais qu'au contraire nous aurons contribué à faire grandir leur estime d'eux-mêmes. Parce qu'en contribuant à l'estime de l'autre nous développons aussi l'estime de nous-mêmes.

L'estime de soi, tout comme l'Amour, ne se divise jamais : elle se multiplie.

Prier

Nous n'avons pas besoin de faire partie d'une religion pour prier. Nous n'avons pas besoin non plus d'avoir quelque chose à demander, bien que nous ayons presque toujours quelque chose à demander !

Prier, c'est rendre grâce pour ce que la Vie nous apporte ; c'est éprouver de la gratitude pour nos expériences de vie ; c'est être reconnaissant de l'Amour qui nous entoure et de celui que nous portons dans notre cœur.

Prier, c'est aussi lâcher prise devant un obstacle qui nous semble insurmontable ; c'est confier à une instance plus grande que nous notre désarroi, c'est émettre le souhait qu'un miracle se produise afin de résoudre ce qui nous fait souffrir.

C'est reconnaître qu'il y a plus grand que nous, peu importe le nom que nous lui donnons ; c'est faire confiance que la Vie nous entend ; c'est faire preuve d'humilité face à notre impuissance.

C'est garder notre espoir bien vivant.

C'est accepter de reconnaître que nous ne voyons pas toujours la réponse, que nous ne sommes pas toujours en mesure de tout régler, que nous sommes parfois maladroits dans l'énoncé de nos besoins.

C'est souhaiter le bien pour ceux que nous aimons et pour ceux que nous ne connaissons pas ; c'est espérer que le bonheur naisse enfin chez ceux qui souffrent depuis trop longtemps ; c'est être émerveillés par les miracles que nous voyons se produire autour de nous.

Prier, c'est faire acte de Foi : envers la Vie, envers nous-mêmes, envers les autres. C'est accepter de se laisser guider par la réponse à nos demandes, peu importe sous quelle forme elle viendra.

C'est méditer sur l'abondance de notre Vie, sur notre mission personnelle, sur nos buts, plus grands que nous.

Prier c'est vivre dans l'Amour.

S'assouplir

Par peur et par insécurité, nous résistons parfois à tout changement, réel ou potentiel. Nous affirmons haut et fort que nous refusons telle situation ou que nous n'acceptons pas certains changements parce que nous voulons à tout prix maintenir le statu quoi.

Nos rigidités mentales sont parfois si importantes et si cristallisées en nous qu'elles nous font souffrir à notre insu. Nous nous faisons vivre des émotions intenses en imaginant des scénarios hypothétiques qui renforcent notre inflexibilité.

Pourtant, tôt ou tard, tout ce qui ne plie pas finit par se casser.

Et c'est alors que nous souffrons. Parce que la Vie est plus forte que nous, même si nous nous cramponnons avec l'énergie du désespoir à notre routine, notre connu, notre confort. Quand le temps du changement est venu, nous devons nous assouplir pour adhérer à la nouvelle situation.

Sinon, c'est nous qui souffrons.

Notre manque de souplesse s'apparente alors à un refus de ce que la Vie nous offre. En nous assouplissant, en développant notre capacité d'adaptation, nous souffrons déjà moins.

Lorsque nous nous entraînons, pour éviter d'avoir des courbatures, nous faisons des exercices d'étirement à la fin de nos efforts. Nous assouplissons ainsi le muscle, en l'étirant doucement.

Ainsi en est-il de notre ouverture à la Vie : en étirant doucement chaque jour notre rigidité mentale pour l'assouplir, pour lui donner de la mobilité, de la fluidité, de la souplesse, nous développons notre capacité d'adaptation, notre tolérance aux changements, notre souplesse face aux imprévus et notre ouverture du cœur.

S'assouplir, c'est une merveilleuse façon de dire oui à la Vie.

Et de se donner plus d'espace pour être heureux, quoi qu'il arrive.

Le temps perdu

Si nous transformions chaque minute que nous perdons à faire des choses complètement inutiles ou pire, nuisibles, nous serions tous multimillionnaires !

Que de temps perdu à fureter sur des sites qui ne nous apprennent rien, qui ne nous font pas du bien, qui ne sont pas positifs ! Que de temps perdu à consommer, dépenser, entretenir tous ces biens, les réparer, s'en départir pour perdre encore plus de temps à en acheter de nouveaux ! Que de temps perdu à faire la file !

Que de temps perdu à juger, mépriser, médire, colporter des ragots ! Que de temps perdu à haïr, à garder rancune, à planifier la vengeance ! Que de temps perdu à s'inventer des scénarios catastrophiques, à se faire vivre des émotions inutilement, à craindre le pire, à avoir peur du nouveau et des autres !

Que de temps perdu à résister à la Vie, à fermer son cœur pour ne plus souffrir, à éviter de sortir de sa zone de confort, à craindre d'aimer à nouveau !

Et si nous changions tout ça, aujourd'hui, maintenant ?

Au lieu de perdre notre temps à ce qui ne nous apporte rien, si on prenait le temps de poser des petits gestes concrets pour améliorer notre vie et celle des autres ?

Au lieu de juger et de faire du commérage, si on prenait ce temps pour parler en bien des autres et découvrir leurs qualités ? Au lieu de faire les boutiques, si on visitait quelqu'un qui s'ennuie ? Au lieu de perdre du temps en file d'attente, si nous engagions la conversation avec ceux qui s'y trouvent ?

Au lieu de fureter sans but, si on méditait ? Au lieu de garder rancune, si on pardonnait ? Au lieu de résister, si on s'ouvrait, si on aimait ?

On peut choisir de ne rien faire, tout en appréciant ce temps qui passe et avoir de la gratitude pour ce moment de grâce qu'il renferme.

Il ne s'agit pas de rentabiliser le temps : il s'agit de lui donner de la qualité et de la présence. Puissions-nous utiliser ce temps qui nous est imparti aujourd'hui à rendre ce monde meilleur.

Le temps que nous perdons ne revient jamais. Celui que nous passons à aimer demeure éternel.

Confort - inconfort

Il semble bien que notre âme n'évolue pas facilement dans le confort de notre ego. Ce qui est confort pour l'ego est un inconfort pour l'âme et ce qui est confort pour l'âme est inconfort pour l'ego ! Évidemment, cela va de soi, nous sommes vraiment confortables dans notre zone de confort ! Celle qui nous sert de rempart contre les aléas de la vie, là où se trouvent notre sécurité et nos habitudes. Pourtant, ce n'est pas là que nous évoluons le plus. Nous cheminons bien davantage lorsque nous sortons de notre zone de confort, lorsque nous nous ouvrons à l'inconnu, lorsque nous disons oui aux expériences qui sont mises sur notre chemin.

Ce n'est pas pour rien que les ados et les jeunes adultes, élevés dans la ouate et le confort, brisent leurs chaînes à l'adolescence pour se placer dans des situations qui ne nous semblent pas faciles, pour se mettre à risque et tester leurs propres limites. Ils ne font pas que rejeter ce qui vient de leurs parents. C'est leur âme, leur moi profond, qui cherche à se découvrir en allant là où ils ne sont jamais allés. Beaucoup d'entre nous l'avons fait aussi à l'adolescence, sortir de notre zone de confort pour explorer le monde, à petite ou grande échelle. Mais il semble que nous l'oublions trop souvent une fois adultes !

Lorsque nous amorçons ce magnifique cheminement qui nous conduit vers une meilleure version de nous-mêmes, nous savons que nous faisons le premier pas dans un processus qui ne nous quittera plus jamais. Dès lors, il est presque impossible de revenir en arrière. Dès que nous osons avancer courageusement dans l'acceptation des suggestions de la Vie, nous ne pouvons pas revenir à l'état antérieur. La maturation que nous vivons ne peut être ni annulée si stoppée définitivement.

Et même s'il nous est inconfortable de sortir de notre zone douillette au tout début, nous comprenons rapidement que la Vie est tellement plus grande que ce que nous avions perçu jusqu'alors ! Répondre au besoin d'inconfort que notre âme manifeste, c'est accepter de faire confiance à la Vie, en sortant volontairement de nos pantoufles de temps en temps !Nous avons besoin d'espaces, d'horizons, de nouveautés et de découvertes pour nous épanouir pleinement, pour apprendre à nous connaître, pour apprendre à nous aimer.

Ce besoin d'inconfort est salutaire pour notre âme. Ne laissons pas notre ego l'étouffer avec son propre besoin de sécurité. Nous nous ouvrons ainsi aux défis qu'elle nous tend, comme autant d'occasions de devenir meilleurs !

Et nous comprenons alors que le Bonheur se situe vraiment à l'extérieur de notre zone de confort.

Diane Gagnon

Les manipulateurs

Nous avons probablement tous connu un jour ou l'autre l'un (ou l'une) de ces manipulateurs pervers narcissiques. Ceux qui nous détruisent à petit feu, sans que nous nous en rendions vraiment compte, jusqu'à ce que notre estime de nous-mêmes soit remise en question ou pire, anéantie.

On le reconnaît notamment par sa forte propension à :

• Être ultra charmant au début, puis destructeur et culpabilisant
• Communiquer de façon floue
• Nous faire sentir inadéquats quoi qu'on fasse
• Ériger le harcèlement psychologique en mode de vie
• Détruire notre estime de nous-mêmes
• « Briser » ses victimes pour ensuite passer à la suivante
• Et bien d'autres traits indésirables

Que faire si nous avons affaire à un manipulateur narcissique pervers ?

FUYONS !

Ne cherchons pas à changer le manipulateur, ni à lui faire prendre conscience de « son » problème, ni à le sensibiliser aux dégâts qu'il cause autour de lui ; c'est peine perdue ! 99 % des manipulateurs sont convaincus d'avoir raison.

Ne perdons pas notre énergie à vouloir changer quelqu'un qui ne veut pas changer. En cela, puisqu'il faut trouver un point positif à toute chose, le manipulateur nous enseigne que personne ne peut changer une autre personne, peu importe les efforts et l'énergie consentis.

Nous n'avons pas besoin de détester cette personne, mais il vaut mieux l'aimer de loin ! Ayons assez d'estime de nous-même pour fuir et éviter tout genre de relation avec un manipulateur. Car les conséquences sont désastreuses sur notre estime de soi, sur notre confiance en nous et sur notre santé mentale et prennent des années à guérir. Ne restons pas dans une relation qui nous détruit, peu importe que le manipulateur soit un membre de notre famille, un patron, un collègue, un conjoint, un enfant.

Nous méritons tous d'être heureux et c'est pratiquement impossible de l'être avec un manipulateur.

Alors, aimons-nous assez pour ne pas en garder dans notre entourage immédiat.

Et souhaitons-leur malgré tout de réaliser un jour qu'ils peuvent être heureux autrement.

Les épreuves aussi nous façonnent

Nous avons souvent tendance à regarder nos difficultés actuelles ou passées sous une loupe négative qui ne nous permet de voir que la souffrance que nous y avons rencontrée, que ce soit par un abandon, un manque d'Amour, un parent agressif, un Amoureux manipulateur, et autres épreuves dont la Vie nous a gratifiés.

Et pourtant, ce sont souvent les épreuves qui nous ont permis de devenir plus forts, de construire plus solidement notre personnalité, d'affirmer davantage notre caractère, de développer notre estime de soi après l'avoir presque perdue.

Toute situation, même difficile, finit par nous faire évoluer. Une personne qui nous a fait souffrir nous a aussi fait grandir. Sans le savoir !

C'est dans les tempêtes que les arbres deviennent plus solides en ancrant profondément leurs racines ; c'est dans la tourmente que nous sommes appelés à puiser dans nos ressources les plus profondes, celles-là même que nous ne savions pas que nous possédions.

Nous pouvons nous servir des épreuves pour devenir plus forts, plus solides, plus sûrs de nous.

Alors à la prochaine tempête, rappelons-nous que nous possédons toujours toutes les ressources en nous.

Ancrons nos racines plus profondément encore. Nous sommes en train de devenir plus forts !

Bâtir plutôt que de se laisser démolir

Chacun de nous réagit différemment aux mêmes situations, aux mêmes commentaires. Cela dépend entre autres de notre force de caractère et de notre estime de soi.

Ainsi, par exemple, un enfant à qui le père répète qu'il ne fera jamais rien de bon peut peut-être finir par y croire et se sentir incapable de tout à l'âge adulte, sabotant ses chances de succès les unes après les autres.

Par contre, un autre dans la même situation pourra réagir en se disant « je vais te montrer, moi, que je ne serai jamais un bon à rien ! » et il deviendra un entrepreneur chevronné, avec tant de cran et d'énergie qu'il rencontrera beaucoup de succès, souvent pour prouver inconsciemment à son père qu'il avait tort. Son succès a été bâti en réaction à un commentaire réducteur, ce qu'il n'aurait peut-être pas senti le besoin de prouver s'il n'avait pas reçu ces insultes.

Quelles que soient les injures, les menaces, les commentaires désobligeants et les étiquettes que d'autres nous ont données, nous avons toujours le choix : y croire et nous comporter comme si l'autre avait raison ou nous tenir bien droit et utiliser cette injure comme une pierre d'assise sur laquelle nous bâtirons des fondations encore plus solides.

L'important est de ne jamais nous laisser écraser par qui que ce soit.

Au lieu de nous laisser abattre par un commentaire destructeur, nous pouvons tourner le tout à notre avantage. Quand nous recevons l'une de ces injures, demandons-nous comment nous pouvons nous en servir pour grandir plutôt que de nous laisser détruire. Trouvons ce qu'il y a à renforcer en nous lorsque nous nous sentons blessés par une remarque assassine.

Si l'autre tente de miner notre estime de soi, c'est qu'il est temps de la rendre plus solide. Si l'autre tente de nous ridiculiser, c'est qu'il nous faut nous assumer pleinement et nous détacher de l'opinion des autres. Si l'autre se montre agressif, c'est qu'il est temps de nous aimer assez pour nous respecter entièrement et prendre les décisions qui s'imposent.

Personne ne peut nous détruire sans notre consentement.

Rétablir l'équilibre en se respectant

Nous passons tant de temps à vouloir plaire aux autres, à vouloir être aimés, à être gentils, à éviter les conflits, à faire attention pour ne pas froisser les autres pour ne pas qu'ils se fâchent que nous en venons à oublier qui nous sommes vraiment.

Plus notre capacité d'adaptation est grande, plus le risque est grand de nous perdre en nous suradaptant aux besoins, aux attentes, aux désirs et aux exigences des autres. Et ce, trop souvent au détriment de notre bien-être, de notre équilibre et de notre estime de soi.

Nous nous étonnons ensuite que les autres semblent abuser de nous et paraissent avoir des attentes sans fin envers nous. Mais nous-mêmes oublions de mettre clairement nos limites. Nous avons peur de ne plus être aimés si nous disons non, ou de ne plus être considérés comme gentils si nous osons mettre nos limites et affirmer nos propres besoin. Nous craignons de passer pour des « méchants ».

Et pourtant, nous ne cessons pas d'être généreux le jour où nous refusons de rendre service parce que nous respectons les besoins de notre corps. Nous ne devenons pas un monstre parce que nous mettons des limites claires là où les autres avaient l'habitude d'empiéter. Nous ne sommes pas moins gentils parce que nous osons exprimer nos besoins et nous n'abusons pas non plus lorsque nous demandons aux autres de nous respecter.

Au contraire, nous devenons une meilleure personne lorsque nous rétablissons l'équilibre dans notre vie entre ce que nous donnons et ce que nous recevons.

Plus nous nous respectons, plus nous pouvons faire ces changements dans l'Amour, de soi et de l'autre aussi. C'est comme la vague et le ressac : chaque affirmation contribue à accroître notre estime de soi et chaque pas fait sur le chemin de l'estime de soi nous donne plus de solidité pour nous affirmer. Nous attirons ainsi de meilleures personnes autour de nous, plus en harmonie avec notre vraie nature.

Le jour où nous nous respecterons, les autres nous respecteront.

Et si certains sont dérangés parce que nous ne sommes plus à plat ventre devant eux, nous saurons clairement avec qui nous tenir debout.

Ce que la vie attend de nous

Lorsque nous devons faire un choix important et que nous hésitons, il y a souvent deux forces antagonistes en action. L'une est celle de nos peurs, qui nous dit : « Fais attention ! on est bien, là, pourquoi changer ? Ça ne fonctionnera pas, tu n'es pas assez bon pour ça, tu n'y arriveras jamais ! » C'est la voix des commentaires désobligeants que nous avons intégrés, des peurs de nos parents, des humiliations passées que nous avons subies.

L'autre est celle de notre âme qui nous dit : « Vas-y, tu es capable, allez viens on va s'amuser ! Oh oui on essaie ça ! Ça me parle, allons-y ! » Notre intuition se veut le porte-parole de notre âme pour nous suggérer la voie à emprunter, la direction à prendre lorsque nous arrivons à ce carrefour dans notre cheminement. C'est la force de notre enfant intérieur, de notre estime de soi, de l'Amour en nous qui sait profondément ce qui nous rend heureux.

Dans ces situations, il est sage de nous demander ce que la Vie attend de nous. Que nous demande-t-elle en ce moment ?

La Vie a toujours pour but de nous amener à plus de conscience, plus d'Amour. Elle nous dirige et nous réoriente constamment vers notre mission. Parfois, cela implique de guérir des blessures antérieures, de pardonner, de comprendre et dénouer nos blocages.

Malgré la douleur que ces étapes suscitent, elles n'ont pour but que de nous amener à vivre une Vie plus pleine, plus souple, plus aimante, plus heureuse.

La Vie veut toujours notre bonheur. Ses méthodes sont parfois étonnantes, mais elle nous guide et nous ramène sans cesse vers ce qu'elle attend de nous.

Ce qui nous allume, ce qui nous fait vibrer, ce qui allume des étoiles dans nos yeux et le feu dans notre cœur, ces papillons dans notre ventre, c'est là que résident nos meilleurs choix.

Tout ce qui nous rend heureux a pour but de nous aiguillonner vers notre mission, celle d'aujourd'hui.

Et vous ? Qu'est-ce que la Vie attend de vous aujourd'hui ?

Choisir l'Amour

Nous pouvons choisir d'en vouloir à ceux qui nous ont fait souffrir. Mais nous pouvons aussi choisir de ne plus leur en vouloir, si nous ne pouvons pas encore pardonner, et de faire la paix avec ce passé. Ainsi, nous choisissons l'Amour.

Nous pouvons choisir de rester dans une relation qui nous détruit. Mais nous pouvons aussi opter pour l'Amour et choisir de sortir de ce cycle infernal.

Nous pouvons tolérer un emploi qui nous pèse lourd, mais nous pouvons aussi choisir de trouver autre chose qui nous rendra plus heureux et dans lequel nous pourrons nous épanouir.

Nous pouvons choisir de nous laisser humilier et rabaisser, mais nous pouvons aussi choisir de nous aimer assez pour ne plus accepter ces manques de respect.

Nous pouvons choisir de ressasser le passé mais nous pouvons aussi choisir de nous construire un futur meilleur.

Nous pouvons choisir de maintenir nos fausses croyances et de rester coincés dans nos pensées limitatives, mais nous pouvons aussi choisir l'Amour et sortir de notre zone de confort en essayant de nouvelles choses.

Nous pouvons rester dans une position de victime, en croyant que nous n'avons pas le choix, ou nous pouvons nous aimer suffisamment pour nous rappeler que nous avons toujours le choix.

Celui de choisir l'Amour, celui qui nous libérera, celui qui nous fera prendre notre envol, celui qui porte notre bonheur sur ses ailes.

Nous avons toujours le choix. Celui d'aimer. Celui de nous aimer.

Nous pouvons toujours NOUS choisir.

Notre fréquence

Que nous y croyons ou non, nous émettons tous, chacun d'entre nous et en tout temps, un niveau d'énergie, une fréquence, tout comme les stations de radio.

Si nous voulons capter une chaîne radio, nous devons nous positionner exactement sur la bonne fréquence, sinon, nous entendrons des parasites sur la fréquence choisie.

De même, nous attirons des événements et des gens de niveau de fréquence semblable au nôtre. Si nous voulons attirer des gens qui nous font du bien, nous devons nous-mêmes nous positionner sur cette fréquence de « gens qui font du bien ». Si nous ne sommes pas syntonisés sur le bon poste, nous aurons des parasites autour de nous !

Notre fréquence change au gré de nos humeurs, de nos émotions, de nos pensées, des gens que nous rencontrons et des choix que nous faisons.

Ainsi, lorsque nous croisons parfois une personne négative, qui nous entretient en long et en large de ses malheurs et de ses colères, nous pouvons remarquer qu'après cette rencontre, nous nous sentons soit vidés de notre énergie, soit en colère nous aussi : nous avons alors ajusté inconsciemment notre fréquence à la sienne. Quand nous écoutons les histoires d'horreur aux bulletins de nouvelles, nous vibrons aussi à cette basse fréquence, ce qui donne rendez-vous aux événements et aux personnes de même fréquence dans les jours qui suivent.

Lorsque nous passons un moment avec des gens heureux, calmes, compatissants, bienveillants, chaleureux et aimants, nous quittons la rencontre avec un grand sentiment de bien-être ; nous disons alors que cette personne nous fait toujours du bien. Nous avons alors élevé notre fréquence pour l'ajuster à la sienne et recevoir ainsi ce qu'elle avait de bon à nous offrir.

Si nous voulons attirer de belles choses, de beaux événements et de belles personnes dans notre vie, nous devons vibrer à cette fréquence. Nous devons devenir une belle personne nous-mêmes, nous entourer de pensées positives, poser des gestes de compassion, faire le bien et être à l'écoute des autres si nous voulons attirer la même chose. Plus nous ajusterons notre fréquence sur le bon et le bien, plus c'est ce que nous deviendrons, plus c'est ce que nous attirerons dans notre vie.

Car nous n'attirons pas ce que nous voulons, nous attirons ce que nous sommes.

Nous attirons ce à quoi nous vibrons.

Quelles parties de nous nous reste-t-il à aimer ?

Certains d'entre nous partons de loin dans l'apprentissage de l'estime de soi. Nous y travaillons longtemps, parfois dans la douleur, quelques fois dans le bonheur, pour mieux apprendre à nous aimer.

Puis un jour, nous nous croyons rendus ! Nous avons l'impression que c'est gagné, que nous avons bâti notre estime de nous-mêmes au prix d'efforts et de détermination.

Mais l'estime de soi n'est jamais totalement gagnée : une mauvaise expérience, un mauvais commentaire, une situation particulière et nous perdons quelques points sur l'échelle de notre estime personnelle. Nous ne retombons jamais aussi bas qu'au départ, le cas échéant, mais nous devons continuer chaque jour encore plus fort à préserver et développer notre estime de soi.

Que nous reste-t-il à apprendre à aimer de nous maintenant ? Quelle partie de nous a besoin qu'on l'aime davantage ?

Parfois, ce peut être notre corps, qui en changeant, correspond moins à l'image que nous en avions : nous devons apprendre à l'aimer complètement, quel que soit l'âge, le poids, la forme qu'il a.

Parfois c'est un trait de caractère que nous aimons moins, peut-être enseveli depuis un certain temps mais qui ressurgit à certains moments critiques : l'aimons-nous cet aspect de notre personnalité ? Si nous voulons l'améliorer, nous devons d'abord apprendre à l'aimer complètement.

En d'autres temps, ce peut être notre voix, notre maladresse, notre gêne, notre impulsivité, qui nous dérangent encore, malgré le fait que nous ayons une meilleure estime de nous-mêmes. Ces parties-là de nous demandent aussi que nous les aimions.

Chaque jour, nous apprenons à nous connaître un peu plus, à nous aimer un peu plus, tout au long de notre vie, comme une fleur aux multiples pétales qui se déploient.

Le but est d'en venir à nous aimer entièrement, tels que nous sommes, dans nos qualités comme dans nos travers. Ce jour-là, nous pourrons aussi aimer les autres comme ils sont, avec leurs propres qualités et travers. Parce que nous ne nous jugerons plus, nous ne jugerons plus les autres.

Ce jour-là, l'Amour aura gagné sur tous les plans !

Être un phare

Beaucoup d'entre nous avons le profond désir d'aider les autres. Souvent par réel besoin de porter assistance à notre prochain mais parfois aussi par besoin de combler un vide, de nous sentir utile ou de vouloir nous faire aimer. Inconsciemment bien sûr. Même quand nous voulons aider les autres pour nous faire aimer, nous ne sommes pas mal intentionnés !

Cependant, il arrive parfois que nous en fassions trop pour les autres. Nous voulons les sauver. Nous voulons à tout prix leur faire comprendre ce que nous croyons, nous, qu'ils devraient comprendre.

Parfois, nous allons même jusqu'à aider sans que l'autre ne nous l'ait demandé. Nous donnons notre aide, nos conseils, sans attendre la demande. Quelquefois fois, nous imposons même notre aide aux autres, étant convaincus que nous savons mieux qu'eux ce qu'ils devraient faire, ou dire ou penser dans leurs circonstances.

Mais personne ne peut faire à la place de l'autre. Nous ne pouvons pas forcer quelqu'un à comprendre quelque chose s'il n'est pas rendu là, tout comme nous ne pouvons pas tirer sur la carotte pour qu'elle pousse plus vite !

Donner notre aide lorsqu'elle n'est pas sollicitée, c'est comme gaver quelqu'un qui n'a pas faim : c'est inutile et ça ne passe pas !

Si nous voulons tellement aider quelqu'un qui ne veut pas de notre aide, et si son refus nous offusque, il est temps de nous demander quelle est la véritable motivation derrière notre « besoin » de vouloir aider.

Parce que la meilleure aide que nous puissions offrir, c'est souvent de demeurer disponible quand l'autre aura vraiment besoin de notre aide et qu'il nous la demandera. Pas avant.

Forcer quelqu'un à comprendre ne le fera pas comprendre. Au contraire, cela le fermera à ce que nous voulons lui apporter.

Le phare sur son île ne court pas après les bateaux pour leur venir en aide. Il est là, debout, lumineux, solide. Ce sont les bateaux qui se guident sur lui quand ils le voient.

Soyons un phare pour les autres : ils viendront à nous quand ils auront besoin d'aide.

Une œuvre d'art

Nous sommes souvent bien trop sévères envers nous-mêmes lorsqu'il semble que nous n'ayons pas pris la bonne décision.

Nous avons tendance trop souvent à nous en vouloir, à nous traiter de tous les noms et même à nous trouver incompétents, ratés, stupides parce que nous croyons que nous nous sommes trompés, que nous n'avons pas fait la bonne chose, que nous nous sommes mis dans le pétrin.

Nous nous en voulons encore davantage si nous sommes consciemment en cheminement personnel, parce qu'alors nous sommes convaincus que nous aurions dû déjà régler tous ces petits et gros travers de notre personnalité, ou nous croyons que nous avions fini de régler certaines choses. Parfois, nous nous décourageons de revivre encore la même situation déplorable parce que nous pensions l'avoir définitivement réglée. Nous croyons que nous étions rendus « bien plus loin que ça » !

Mais nous sommes tous en cheminement ! Et nous le serons tous jusqu'à la fin de notre vie ! Nous n'allons pas tous à la même vitesse, nous n'empruntons pas tous le même chemin, parfois nous trébuchons, mais nous avançons tous. Comme disent les anglais, nous sommes tous « a work in progress », des travaux en cours !

Ne nous décourageons pas parce que nous revivons quelque chose que nous croyons avoir réglé : cette fois-ci, c'est peut-être pour finir de régler complètement, pour aller plus en profondeur, pour tester notre solidité, pour un dernier apprentissage.

L'important c'est de garder intactes l'intention et la volonté de continuer à nous améliorer, sans nous faire violence, dans la douceur, simplement en devenant plus conscient de ce que nous vivons, en nous observant de la façon la plus neutre et la plus compatissante possible.

Soyons indulgents envers nous, acceptons que nous sommes toujours en apprentissage. Nous en vouloir pour ce que nous considérons comme une erreur ne ferait que retarder l'intégration de la leçon qui nous est enseignée.

Nous sommes tous une œuvre d'art en construction.

Sachons admirer la beauté de l'œuvre : mêmes les imperfections sont belles et parfaites !

Ce que nous ne voulons plus

Au fil du temps, nous finissons par savoir ce que nous voulons surtout en identifiant ce que nous ne voulons plus !

Lorsque nous ne voulons plus d'une relation toxique, malsaine, nous savons que nous sommes prêts pour une relation harmonieuse dans la douceur, l'Amour et le respect.

Lorsque nous ne voulons plus être traités avec mépris, nous savons que nous voulons désormais être traités avec respect, gentillesse et amabilité.

Lorsque nous ne voulons plus être victimes de quoi que ce soit dans notre vie, cela signifie que nous sommes prêts à assumer nos responsabilités, à prendre en main nos décisions et notre destinée.

Lorsque nous en avons assez des conflits, nous savons au plus profond de nous que nous sommes dorénavant déterminés à vivre des relations égalitaires, agréables et dans l'Amour.

Lorsque nous n'en pouvons plus de travailler jusqu'à nous épuiser, c'est qu'il est temps de rétablir un nouvel équilibre de vie qui nous laisse plus de place pour vivre, justement.

Si aller de relation en relation ne nous dit plus rien, c'est que nous sommes vraiment prêts à attendre de rencontrer LA personne avec qui la Vie sera plus agréable.

C'est lorsque nous sommes fatigués des choses compliquées que nous nous mettons à la recherche de la simplicité.

Même si nous ne sommes pas encore trop sûrs de ce que nous voulons, trouvons au moins ce dont nous ne voulons plus dans notre Vie.

Car c'est en sachant ce que nous ne voulons plus que nous pourrons maintenant mettre le focus sur ce que nous voulons attirer dans notre Vie à partir d'aujourd'hui.

« J'ai tout fait pour lui (elle, eux) ! »

J'entends souvent ce commentaire de frustration ou de déception, que ce soit de la part de parents, d'enfants adultes, d'amis ou de conjoints. « J'ai tout fait pour lui/elle/eux (mes enfants, mes parents). Et maintenant, il/elle/ils m'ignorent ! Quelle ingratitude ! »

Oui il nous arrive tous de vouloir tellement bien faire pour les autres que nous nous épuisons à beaucoup donner. Trop, même. Nous allons parfois jusqu'à prendre l'autre en charge, à penser pour lui, à vouloir le protéger de tout, à lui faire des cadeaux, des surprises, des petits soins, des services à n'en plus finir.

Nous donnons sans compter, ce qui, en soi, est très bien. Sauf qu'en donnant constamment sans compter, nous ne voyons pas que l'autre n'a peut-être pas besoin autant de ce que nous lui offrons. Ou qu'il profite peut-être de notre bonté. Ou qu'il veut peut-être être laissé seul et s'assumer lui-même. Ou qu'il se sent peut-être tellement en dette envers nous que cela déséquilibre la relation et y crée un malaise.

« J'ai tout fait pour lui », cela ressemble aussi phonétiquement à « j'étouffais pour lui »! Nous risquons en effet d'étouffer l'autre dans ce qu'il est, ce qu'il veut et ne veut pas, nous envahissons son espace parce que nous croyons bien faire. Et nous nous étonnons d'être rejetés, par l'instinct de survie de l'autre.

À force de concentrer toute notre attention sur l'autre, nous ne portons plus attention à ce que nous ressentons, nous, à nos besoins. Nous ne percevons pas la petite déception qui se pointe au tout début, qui se transforme peu à peu en frustration, puis en irritation, puis en colère et en rancune. Puis un jour peut-être, nous explosons et compromettons cette relation.

Nous avons oublié d'être à l'écoute de nous-mêmes, de notre cœur, des besoins de notre âme. Nous allons parfois jusqu'à nous renier pour nous faire aimer de l'autre personne.

Ne cherchons pas à être aimés pour ce que nous faisons, mais pour ce que nous sommes. Si nous aimons beaucoup donner, nous devons apprendre à recevoir aussi. L'équilibre est sain dans toute relation. Notre Amour pour l'autre doit aussi se traduire dans l'autonomie et l'espace que nous lui laissons pour faire ses choix, et même ses erreurs parfois.

Aimons en étant, plutôt qu'en faisant.

Car la meilleure manière d'aimer, c'est d'être aimant. Pas de tout faire pour l'autre.

Faire le ménage !

Que c'est bon de faire le ménage de nos placards, de nos penderies et tiroirs !

Faire le tri de ce que nous ne voulons plus garder, de ce qui ne nous fait plus ou ne nous ressemble plus. Donner ou jeter ce qui n'a plus sa place, ce qui est usé, ce qui ne sert plus. Et puis retrouver ce que l'on croyait avoir perdu ou ce que nous ne rappelions plus que nous avions ! Faire le ménage pour dépoussiérer, pour faire de l'espace pour du nouveau, laver nos fenêtres pour y voir plus clair...

Il en est de même dans notre Vie. À quand remonte la dernière fois où nous avons fait le ménage dans notre Vie ?

Si nos croyances actuelles nous limitent plutôt que de nous permettre de nous épanouir, il est temps de réévaluer plusieurs d'entre elles.

Si nos pensées nous maintiennent dans un état dépressif, démotivé ou en colère, nous pourrions faire le ménage de celles-ci pour ne garder que celles qui nous rendent heureux, qui nous sont utiles.

Nous conservons parfois certaines relations dans notre Vie par habitude, sans jamais remettre en question si ces relations sont saines pour nous ou pas. Le moment est peut-être venu de dépoussiérer nos relations aussi, pour y voir plus clair. Nous pouvons identifier celles qui sont bonnes pour nous et celles qui le sont moins, celles que nous gardons au cas où, celles dont les valeurs ou les trajectoires ne sont plus en affinité avec les nôtres, celles qui prennent beaucoup de place mais qui demeurent stériles, celles qui grugent notre énergie, celles qui paraissent bien mais qui sont vides de sens.

En faisant le ménage de nos relations, nous pourrons aussi redécouvrir certaines relations que nous avions perdues de vue, alors qu'elles sont si riches de partages. Nous pourrons aussi faire de la place pour des relations plus en affinité avec ce que nous sommes devenus, avec ce que nous voulons attirer dans notre vie.

Nous pouvons laisser sortir de notre Vie avec Amour ce qui ne nous convient plus pour que l'autre aussi ait plus de place pour attirer ce qui lui convient mieux.

Comme la Nature a horreur du vide, en faisant le ménage, nous créons l'espace nécessaire pour que la Vie mette enfin sur notre chemin les relations que nous attendions.

Le pouvoir de l'Amour, même en pensée

Nos plus grands maîtres dans notre vie, ce sont bien souvent nos enfants et nos parents. Ils arrivent à faire émerger le meilleur de nous... et parfois le pire !

Ce sont dans ces relations proches que nous nous découvrons, à travers l'autre, ce qu'il éveille en nous. Nous apprenons alors à aimer davantage, parfois à nous protéger, souvent à pardonner.

Parfois aussi certaines tensions deviennent insoutenables et la relation doit être revue pour lui redonner de nouvelles bases plus saines.

Quand on a tout essayé pour régler un conflit, un malentendu, une relation avec un proche, il nous reste toujours le pouvoir de l'Amour.

Quand la relation avec notre enfant ou notre parent devient difficile, que les liens semblent rompus, que nous avons tenté bien des rapprochements mais sans succès, la meilleure solution qu'il reste encore, c'est d'aimer.

Si nous lui envoyons de l'Amour, constamment ;

Si nous n'avons pour lui que des pensées d'Amour, sans regrets, sans amertume, juste de l'Amour ;

Si nous l'aimons comme il est, même dans son silence, même dans notre chagrin ;

Si nous n'avons pas d'attente, seulement l'aimer, sans avoir à lui dire ce que nous faisons, simplement lui envoyer notre Amour en pensée, de cœur à cœur ;

Un jour, peut-être, tout cet Amour inconditionnel fera son chemin jusqu'à son cœur et y fera fondre ce qu'il restait de réserve, de rancunes, de murs jusqu'alors infranchissables. La relation pourra alors reprendre, sur de nouvelles bases, plus saine, plus riche de ce hiatus et de cet Amour issu du cœur de notre âme.

Et si d'aventure, la relation ne se ravivait pas, alors il nous restera toujours le meilleur bout de celle-ci, celui d'avoir appris à aimer inconditionnellement.

Le battement d'ailes du papillon

Nous ne soupçonnons pas toujours la portée de nos actions.

Parfois nous agissons même avec inconscience, sans nous douter que ce que nous disons ou nous faisons aura un impact important sur certaines personnes. Quelques fois, nous blessons les autres sans le vouloir : notre impact aura alors plutôt un effet négatif.

Mais parfois, dans la bonté de notre cœur, nous prononçons des paroles et posons des gestes qui peuvent avoir une incidence positive insoupçonnée sur une ou plusieurs personnes. Parfois même, nos paroles et nos gestes peuvent changer la Vie de certaines d'entre elles.

Ne sous-estimons jamais le bien que nous pouvons faire aux autres, même à petite échelle.

Ne dit-on pas que le battement d'ailes d'un papillon peut déclencher une tornade à l'autre bout du monde ?

Soyons ces papillons qui illuminent la Vie des autres.

Ayons des mots d'encouragement plutôt que de jugement.

Soyons aimants plutôt que méfiants.

Aidons plutôt que d'avoir peur.

Impliquons-nous plutôt que d'être témoins.

Faisons le bien chaque fois que nous pouvons. Aucun geste de bonté n'est ni trop petit ni trop grand.

Aimons plus chaque fois que nous le pouvons. L'Amour a le pouvoir de transformer la Vie des autres et la nôtre.

Compatissons chaque fois que nous en est donné l'occasion : nous avons tous besoin d'être aimés, compris, réconfortés. Offrons-le aux autres.

Faisons battre nos ailes et notre cœur pour le plus grand bien de l'humanité, même si ça commence seulement par une personne à la fois. Chaque petit geste compte. L'effet multiplicateur de nos actes de bonté peut créer une tornade d'Amour à l'autre bout du monde !

Nous pouvons tous participer à changer le monde, un geste à la fois, une parole à la fois ! Alors faisons-le dès maintenant !

Être un bon parent pour soi-même

Nous n'avons pas tous la chance d'avoir eu les parents que nous aurions aimé avoir. Bien que la plupart des parents fassent de leur possible, il arrive que certains d'entre eux soient moins adéquats que d'autres ou soient carrément inaptes à élever des enfants. Ils laissent des traces indélébiles, qui nous suivent longtemps.

En grandissant, peu importe les parents que nous avons eus, nous « intégrons » un parent dans notre personnalité, parfois les deux. Lorsque nous nous punissons quand nous avons fait une erreur, nous avons intégré le parent sévère.

Lorsque nous nous mettons des attentes de perfection démesurées, c'est souvent le parent exigeant dans notre tête qui ne nous laisse pas nous relâcher. Et il en est ainsi de bien des comportements envers nous que nous adoptons inconsciemment parce que nous avons été éduqués ainsi.

Mais nous pouvons aussi décider de devenir nous-mêmes, à notre endroit, le bon parent que nous aurions aimé avoir. Celui qui nous console quand nous avons de la peine. Celui qui nous encourage quand nous avons envie de tout laisser tomber.

Celui qui nous félicite de nos bons coups et qui les souligne à gros traits. Celui qui nous aime inconditionnellement, sans que nous ayons à prouver quoi que ce soit.

Au lieu de laisser parler le parent dominant, exigeant ou sévère en nous, laissons parler le bon parent, celui qui nous aime sans condition et qui ne veut que notre bien.

La prochaine fois que nous nous surprendrons à avoir des remarques négatives envers nous-mêmes, rappelons-nous d'appeler à la rescousse le bon parent que nous pouvons devenir pour nous-mêmes, de manière à évoluer dans l'Amour plutôt que dans la peur.

Soyons pour nous le bon parent que nous aurions aimé avoir.

Notre vie nous attend

Beaucoup d'entre nous attendons toujours quelque chose : nous attendons de trouver le partenaire idéal ; nous attendons d'avoir un meilleur emploi ; nous attendons notre retraite ; nous attendons un enfant. Nous attendons d'avoir la « chance » enfin de faire ce qu'on aime. Nous attendons... et pendant ce temps-là, notre Vie passe...

Et si c'était plutôt notre Vie qui attend après nous ? Peut-être qu'il est enfin temps maintenant :

- De mettre en marche la réalisation de ce rêve que nous portons dans notre cœur depuis si longtemps, plutôt que d'attendre que toutes les conditions soient favorables
- De régler cette relation qui traîne plutôt que d'attendre que l'autre fasse les premiers pas pour y mettre fin
- De prendre les moyens pour guérir de nos blessures plutôt que de les fuir dans l'alcool, le travail, les drogues, la consommation, et autres dépendances
- De faire les changements nécessaires dans notre vie pour nous permettre d'être plus heureux, plutôt que d'espérer que ces changements viennent d'eux-mêmes
- De prendre son bonheur en main, plutôt que de souhaiter être heureux un jour
- De faire plus de ce qui nous plaît dès aujourd'hui et moins de ce qui ne nous plaît pas
- De mettre du positif dans notre vie plutôt que de nous plaindre qu'il y a trop de négatif autour de nous
- D'être soi-même une personne qui sème la joie de vivre plutôt que d'attendre d'en rencontrer une
- De changer soi-même plutôt que d'attendre que l'autre change
- De devenir plus conscients de nos pensées, de nos actes et de nos décisions plutôt que de filer sur le pilote automatique et se réveiller un jour en nous demandant où est passé notre Vie
- D'écouter cet élan de Vie en soi plutôt que de subir sa Vie.

Notre vie nous attend. Elle est prête, elle, depuis toujours, à collaborer à notre bonheur. Mais trop souvent, nous sommes là à attendre qu'elle fasse le boulot à notre place ! Assumons ce que nous sommes et ce que nous voulons.

Nous ne sommes pas sur terre pour attendre.

Nous sommes sur terre pour VIVRE.

Voir la situation autrement

Rares sont ceux d'entre nous qui apprécions la compagnie des gens qui agissent en victimes et qui se plaignent constamment. Nous émettons alors secrètement le souhait de ne jamais ressembler à ces personnes. Et pourtant, bien qu'il soit sain de nous permettre de nous libérer de certaines de nos frustrations de temps à autre, nous aussi nous agissons parfois en victimes quand :

• Nous nous plaignons sans arrêt de l'incompétence de notre patron

• Nous racontons à qui veut l'entendre combien la crise d'adolescent de notre enfant est pénible, alors que nous faisons le récit dans le détail de tous ses supposés « manquements »

• Nous critiquons les comportements de notre conjoint/e en ressassant toujours les mêmes doléances

• Nous utilisons souvent les expressions : « oui, mais je n'ai pas le choix », « je n'y peux rien » « oui mais c'est pas facile ! »...

• Nous nous croyons injustement traités, nous avons l'impression que les autres nous manquent de respect, qu'ils abusent de nous

• Nous croyons, à tort, que nous sommes trop vieux, trop jeunes, trop pauvres, trop ceci ou pas assez cela pour agir, pour changer, pour prendre une décision charnière.

Nous pouvons tous nous retrouver dans ces exemples. En fait, lorsque nous agissons ainsi, nous sommes surtout victimes... de nos propres pensées limitatives ! Si nous changeons nos pensées, notre Vie changera. Pour chacune des doléances ci-haut, il existe au moins une solution réaliste que nous pouvons appliquer.

L'important, c'est de nous rappeler que nous avons pratiquement toujours le choix : si nous ne pouvons vraiment pas changer la situation, ce qui est plutôt rare, nous pouvons toujours choisir de voir la situation autrement. Identifions les moments où nous nous comportons inconsciemment comme une victime. Dès que nous nous surprenons à agir ainsi, reprenons le pouvoir sur la situation, sur notre réaction, sur nos pensées. Mettons-nous dès lors en mode solution : essayons une autre perspective, pour voir ce que nous pouvons changer.

La déprime est souvent alimentée sur notre perception que nous n'avons pas le pouvoir de changer les choses. La joie de vivre est alimentée par notre compréhension que nous avons le pouvoir d'agir, si ce n'est sur la situation, du moins sur notre perception et nos pensées.

Choisir le chemin de la joie

Parmi les décisions et les choix que nous pouvons prendre pour augmenter notre potentiel de bonheur, suivre le chemin de sa joie intérieure est l'un des plus accessibles.

Enfants, c'est toujours ce que nous faisions, pour peu que nous ayons pu avoir des moments de liberté. Nous choisissions les jeux que nous avions envie de jouer, nous inventions des scénarios, nous nous amusions dans un minuscule plan d'eau, nous devenions amis facilement avec les autres. Nous suivions alors l'élan de notre joie intérieure, celle qui ne ment pas, celle qui nous guide toujours vers la joie pure et simple, vers les petits bonheurs, vers les rires et le bien-être.

En vieillissant, on nous a demandé d'être raisonnables, d'être sérieux, responsables. Et nous avons tellement bien écouté les consignes que nous avons enseveli cet appel intérieur à la Joie dans un coin reculé de notre âme.

Mais elle est toujours là, cette Joie, et elle n'attend qu'un signe de notre part pour réintégrer sa place de guide aimant dans notre vie.

La Joie ne se conjugue pas avec avoir, elle se conjugue avec vivre son authenticité, écouter son cœur, suivre son élan, faire plus de ce qui nous rend heureux et moins de ce qui nous éteint.

C'est accepter d'écouter l'enfant en nous, celui qui a envie de vivre sans trouver la Vie lourde, celui qui a envie de rire à s'en tenir les côtés, de chanter à tue-tête, même en faussant, de mettre la musique qui le rend joyeux, de colorier des dessins dans se soucier de leur réalisme.

Il faut s'arrêter et prendre le temps de nous demander ce qui nous rendrait heureux, là maintenant, ce qui nous ferait du bien et nous accrocherait un sourire au visage pour le reste de la journée.

De fait, suivre le chemin de sa Joie intérieure commence par ce premier pas : sourire !

Un conseil ?

Nous sommes si souvent prompts à vouloir faire bénéficier les autres de nos conseils, même lorsqu'ils ne sont pas sollicités !

Nous voulons tellement aider que parfois nous aidons mal, ou pas du tout. Ou pire, nous pouvons nuire sans le vouloir !

Lorsqu'une personne nous confie son problème, ou nous parle de sa situation difficile, beaucoup d'entre nous avons tendance à vouloir trouver la solution au problème de l'autre, souvent par compassion, par Amour, par bonté.

Parfois, nous voulons tellement aider la personne que nous la portons presque sur notre dos, nous faisons nôtre son problème et cherchons même à régler pour elle ce qu'elle a pourtant à vivre.

Mais si nous jugeons, nous offusquons devant l'énoncé de la situation ou même si nous nous fâchons de ce qui est raconté, alors dans ce cas, ce ne seront jamais de bons conseils que nous offrirons puisque nos émotions trahissent une situation personnelle qui n'est pas encore traitée ou guérie.

Parfois, l'autre personne résiste à entendre nos conseils. Certains ne cherchent pas de solution. S'acharner à vouloir dire quoi faire et insister pour que l'autre fasse ce que nous lui disons de faire ne peut que causer du tort, à la fois à l'autre, à nous et à la relation.

En effet, tenter de convaincre quelqu'un de la bonne route à prendre risque de nous faire dévier de la nôtre.

Nous risquons de nous perdre de vue en forçant quelque chose qui n'est pas naturel chez l'autre : nous ne respectons pas ses besoins, ses limites. Nous oublions notre humilité. Nous oublions que son âme a choisi de lui faire vivre ces difficultés pour sa propre évolution, pour le rendre plus fort, plus aimant.

C'est dans la compassion que nous pouvons le mieux aider. Un geste de compassion envers l'autre vaut mieux que 1000 conseils imposés !

Être bon ou être gentil ?

Évidemment, il s'agit là de deux belles qualités ! Nous portons presque tous en nous ces deux belles caractéristiques que nous apprécions tant chez les autres aussi.

Pourtant, il y a certaines différences entre les deux.

Ainsi, une amie gentille – ou un ami gentil- aura toujours de bons mots à notre endroit, elle fera tout ce qu'elle peut pour nous faire plaisir, pour nous simplifier la vie. Elle sera d'accord avec tout ce que nous disons et veillera à ne pas nous mettre en colère. Si cela arrivait, elle s'empresserait de s'excuser pour ne pas briser la relation. Elle ne dira pas toujours le fond de sa pensée justement pour ne pas nous blesser. Elle prendra toujours partie pour nous lorsque nous sommes en conflit avec d'autres. Elle s'oubliera souvent pour nous rendre service.

Une bonne amie – ou un bon ami – aura aussi des bons mots à notre endroit... mais pas toujours ! Elle sait que la vérité est importante dans toute relation et saura courageusement nous dire des choses plus difficiles, même au risque de nous mettre en colère. Elle comprend que l'authenticité est plus importante que de faire plaisir. Elle nous dira donc avec respect ce qu'elle pense vraiment, ce qui sert notre évolution. Elle sera totalement objective lorsque nous lui exposerons le conflit que nous avons avec une autre personne. Elle se respectera avant tout, même si elle aime nous rendre service ; donc, elle pourra nous dire non lorsque ça ne lui convient pas.

Beaucoup d'entre nous avons été élevés à être gentils. Mais pour être gentils à temps plein, nous avons dû réprimer beaucoup de nos sentiments. Nous ne pouvions pas nous affirmer à partir de ce que nous sommes vraiment, parce qu'il fallait être gentil. Nous avons essayé de plaire à tous en étant gentils, mais comme les critères de gentillesse varient selon les personnes, il est impossible de gagner. Nous nous perdons à tenter de vouloir être gentils à tout prix, tout le temps.

Ainsi un parent gentil fera tout ce que lui demande son enfant. Alors qu'un bon parent saura quand mettre des limites et dire non, au risque de provoquer une réaction intempestive de son enfant, parce qu'il sait que c'est pour son bien.

Nous savons tous être gentils. Mais savons-nous tous être vrais ? Car être vrais, c'est être bons : la bonté est innée, alors que la gentillesse est apprise.

Le chemin de la moindre résistance

Tant de fois dans notre vie nous nous retrouvons à la croisée des chemins !

Nous avons une ou des décisions importantes à prendre et nous ne savons pas laquelle sera la meilleure pour nous. Nous tentons de peser le pour et le contre, de mesurer l'impact de chacune des options et souvent nous ne sommes pas plus avancés. Ou si nous le sommes, en faisant cet exercice, nous nous retrouvons souvent face à un choix de tête plutôt qu'à un choix de cœur, un choix rationnel plutôt qu'intuitif.

Si nous choisissions plutôt de toujours aller vers ce qui nous fait du bien, d'emprunter le chemin où nous rencontrons le moins de résistance, nous aurions sans doute moins de difficulté à faire nos choix et plus de bonheur à les assumer.

Choisir la sécurité plutôt que la joie demeurera toujours un choix basé sur la peur, et non sur l'Amour.

Peut-être devrions-nous toujours prendre nos décisions en nous demandant ce que nous ferions si nous étions indépendants de fortune. C'est dans ces moments-là, où la peur s'estompe, que nous pouvons mieux entendre le choix de notre âme, celui qui nous porte vers notre mission, celui qui offre la moindre résistance.

Quand, dans notre cœur, la décision qui respecte ce que nous sommes au fond de nous s'élance comme un grand OUI envers ce mouvement, alors nous savons que nous choisissons le bon chemin. Quand, au contraire, nous en sommes à analyser les avantages et inconvénients, nous sommes alors dans notre tête et nous ferons un choix rationnel, basé fort probablement davantage sur nos peurs que sur un élan de notre cœur.

La voie de la moindre résistance est celle que nous choisirions toujours si nous refusions d'écouter nos peurs. Devant ce genre de choix, demandons-nous ce que nous ferions si nous n'avions pas peur de manquer d'argent, de déplaire aux autres, de faire des changements qui dérangent notre vie : c'est là que se trouve la voie de la moindre résistance.

C'est le chemin du cœur. C'est le seul qui mène avec bonheur à notre âme, à ce que nous sommes profondément.

C'est celui qui nous permet de réaliser notre mission, dans l'Amour !

Approbation et affirmation

Une bonne partie de notre vie, nous vivons une dualité entre notre besoin d'être approuvés par les autres et notre besoin de nous affirmer.

Moins nous nous aimons, plus nous avons besoin de l'approbation des autres et plus nous avons de la difficulté à nous affirmer.

Nous cherchons alors constamment dans le regard de l'autre la confirmation de notre propre valeur. C'est pourquoi notre capacité de nous affirmer demeure réduite : nous avons peur que si nous nous affirmons, nous ne recevrons plus l'approbation de l'autre.

Ces deux besoins, approbation et affirmation, sont fondamentaux.

Mais nous comprenons un jour qu'à partir du moment où nous avons moins besoin de quêter l'approbation de l'autre, parce que nous nous la donnons nous-mêmes, nous découvrons en même temps toute la puissance de notre capacité d'affirmation.

En nous aimant, nous sommes capables d'être bons pour nous et d'approuver nous-mêmes nos décisions, nos choix, nos valeurs. Notre besoin d'approbation de la part des autres demeure présent, mais il ne contrôle plus notre vie !

En nous aimant, nous sommes capables de nous affirmer, de donner notre point de vue, de faire part de notre désaccord, d'exprimer nos demandes, nos besoins, sans nous sentir menacés par la réponse de l'autre.

Ce n'est qu'en nous aimant nous-mêmes que nos besoins d'approbation et d'affirmation cessent leur combat à savoir qui va gagner. Les deux s'harmonisent enfin pour notre plus grand bien-être !

La cinquième roue du carrosse

Nous sommes fréquemment confrontés à nos limites, sur tous les plans. C'est particulièrement vrai dans le cas de l'estime de soi.

Nous croyons nous aimer, mais nous acceptons que quelqu'un nous manque de respect sans rien dire.

Nous croyons avoir une bonne estime de soi, mais nous nous écrasons devant l'autorité, nous n'osons pas demander ce que nous voulons, nous ne savons pas mettre nos limites.

Tous les jours, la Vie nous envoie des « tests » pour vérifier si nous nous aimons assez et sur tous les plans de notre personnalité. Est-ce que ce que nous vivons correspond à nos valeurs profondes ? Sinon, agissons-nous correctement pour rectifier la situation ?

Lorsque nous acceptons d'être la cinquième roue du carrosse dans un triangle Amoureux, il y a presque toujours à la base une faible estime de nous-mêmes.

Si nous sommes la personne trompée, nous faisons semblant de fermer les yeux sur une situation qui va à l'encontre de nos valeurs profondes. Nous refusons d'écouter la petite voix qui nous demande d'ouvrir les yeux. Nous préférons un confort matériel au respect de notre âme. Nous tolérons les mensonges, et tout ce qui vient avec. Où est notre estime de nous-mêmes ?

Si nous sommes la personne qui trompe, nous vivons dans le mensonge continuel, dans les « cachettes » des moments volés à l'une et à l'autre. Nous faisons semblant de trouver que notre situation est la meilleure des deux mondes, alors qu'au fond de nous un petit enfant supplie pour avoir toute l'attention de tout le monde en même temps, pour qu'on l'aime. Nous ne sommes jamais tout à fait heureux ni d'un côté ni de l'autre, même si nous tentons de toutes nos forces de nous faire croire le contraire. Comment se porte notre estime de nous-mêmes ? Vivons-nous dans le respect de nos valeurs profondes ?

Si nous sommes la maîtresse (ou l'amant), nous acceptons les miettes de la personne que nous aimons, nous acceptons les mensonges, l'infidélité, la solitude impitoyable aux moments importants de notre vie, comme Noël, la St-Valentin, les vacances estivales, les voyages, les réunions de famille, les activités sociales, les fêtes, la maladie, le deuil.

Nous nous y retrouvons seuls à mentir nous aussi sur notre véritable état Amoureux, prétextant que nous préférons la solitude à une mauvaise relation ou laissant croire que nous n'avons pas encore trouvé la bonne personne, alors que nous souffrons dans une relation incomplète et destructrice à notre insu. Nous sommes dans l'attente interminable d'un miracle qui ne se produira probablement jamais. Où est notre estime de soi ?

Il ne s'agit pas ici de juger ce qui est bien ou mal. Nous avons tous le droit de faire les choix que nous voulons, de mener la vie que nous voulons. Si vous vivez ce genre de relation et que vous êtes parfaitement heureux, alors tant mieux pour vous !

Il s'agit ici d'estime de soi. Si nous nous aimions suffisamment, est-ce que nous accepterions de vivre tout ça ? De vivre une relation qui nous éloigne autant de qui nous sommes vraiment ?

Quand on s'aime vraiment, on ne veut pas de mensonges dans notre vie. On ne veut pas blesser personne. On ne veut pas se contenter de miettes.

Et on ne veut surtout pas être la cinquième roue du carrosse !

Quand on s'aime, on veut plutôt aimer et être aimé, respecter l'autre et être respecté, vivre intensément sans attente, dans l'authenticité et le respect de ce que nous sommes, de nos valeurs et de nos besoins.

Apprendre à s'aimer, ça implique aussi de faire des choix difficiles pour nous respecter. En tout temps et sur tous les plans. Se respecter, respecter nos valeurs, respecter notre âme et ses besoins.

La Vie est courte. Apprenons à nous aimer pour de vrai : c'est le meilleur chemin pour être heureux !

Chère solitude,

Merci de nous apporter le silence dont nous avons besoin pour intégrer les différents apprentissages que la Vie nous demande de faire. Si nous ne t'avions pas comme amie, où trouverions-nous le temps pour comprendre tout ce qui nous arrive ?

Merci de nous permettre de rencontrer enfin cette personne qui nous habite depuis que nous sommes bébés, mais dont nous avons toujours eu peur de faire la connaissance. Bien que nous passions toute notre vie, 24 heures sur 24 avec nous-mêmes, il semble que nous soyons la personne au monde dont nous avons bien souvent le plus peur. Alors quand tu es présente, il ne nous reste plus beaucoup de faux-fuyants pour éviter de nous faire face ! Et souvent, tu restes avec nous tant et aussi longtemps que nous n'avons pas apprivoisé et aimé complètement cette étrange personne que nous sommes !

Merci aussi de ta présence lorsque le tumulte extérieur reflète notre tumulte intérieur. En élisant alors domicile chez nous, tu nous permets d'instaurer un peu de paix et d'harmonie dans nos pensées et notre incessante discussion mentale avec notre ego.

Parfois, tu te fais trop envahissante, t'établissant à demeure chez nous, alors que nous aimerions bien avoir d'autre compagnie que la tienne. Il nous semble alors que tu t'incrustes trop longtemps dans nos vies sans notre invitation. Mais nous comprenons que si tu restes aussi longtemps près de nous, c'est que tu as encore des choses à nous enseigner. C'est souvent en ta compagnie que nous finissons par comprendre que tout part de nous et que nous créons notre environnement, nos rêves comme nos cauchemars.

Alors, chère Solitude, puisses-tu nous guider de ta présence sur le chemin qui mène au cœur de nous, là où nous puiserons à même la source de notre âme tout l'Amour que nous portons pour ensuite le diffuser dans le monde.

La solitude est une amie que nous devons apprivoiser tôt ou tard, pour ne plus jamais la craindre.

Merci chère Solitude d'être souvent notre meilleure amie, et pardonne-nous d'avoir cru au début que tu étais notre pire ennemie.

L'Amour ou la peur

Dans la Vie, il n'y a que deux grandes émotions : l'Amour ou la peur.

Toutes nos décisions, nos actions, nos réactions sont faites à partir de l'une ou de l'autre. Tout ce que nous faisons, sans exception, est toujours basé soit sur l'Amour, soit sur la peur. Jamais les deux en même temps.

De ces deux émotions découlent toutes les autres.

De la peur, viendront le jugement, l'envie, la jalousie, l'égoïsme, la petitesse, la médisance, les dépendances, les colères, l'agressivité, la violence, la fermeture, la souffrance et toutes les autres émotions qu'on appelle « négatives ».

De l'Amour, naîtront la compassion, la bienveillance, la bonté, la douceur, la générosité, le don de soi, l'estime, la tendresse, la compréhension, le pardon, l'ouverture, l'acceptation, et toutes les autres émotions qu'on appelle « positives ».

En vérité, toutes les émotions, qu'elles soient négatives ou positives, n'ont pour but que d'attirer notre attention sur ce qui demande plus d'Amour en nous. Même la peur nous indique précisément là où nous devons aimer mieux, où nous devons soigner une plaie, où nous devons ouvrir notre cœur.

Dans tout ce que nous vivons chaque jour, laisserons-nous la peur nous diriger ou l'Amour nous guider ?

Dans chacun de nos choix, sommes-nous branchés sur la peur ou sur l'Amour ?

Et si nous sommes souvent branchés sur la peur, alors utilisons ce qu'elle nous indique pour réchauffer les zones en nous qui manquent encore d'Amour.

Car au final, n'est-ce pas le but ultime de notre vie : apprendre à mieux aimer ?

La paix

Vivre en paix, être en paix, avoir la paix, acheter la paix sont toutes des décantations différentes de cette paix si chère que nous souhaitons connaître.

Vivre en paix implique que nous vivions sans conflit avec les autres, que nous soyons bien chez nous, que l'harmonie y règne et que nos relations soient bonnes avec tous ceux qui comptent pour nous.

Être en paix, c'est avoir la conscience tranquille, savoir que nous avons fait de notre mieux, être libre de toute culpabilité, prendre le temps de respirer et de savourer l'instant présent.

Avoir la paix est un souhait souvent énoncé dans un tumulte, une dispute, une période intense. Nous sommes tellement épuisés par toutes ces exigences et tensions externes que nous souhaitons avoir enfin la paix !

Acheter la paix est une illusion. Elle nous fait pelleter par devant un problème que nous n'avons pas le courage de régler maintenant. Mais tôt ou tard, nous finissons par comprendre que la paix ne s'achète pas : nous ne faisons que retarder l'échéance du jour où nous devrons nous tenir debout face à une situation que nous jugeons difficile à vivre.

On ne peut imposer la paix à qui que ce soit, car tôt ou tard, ce qui n'est pas venu naturellement reprendra sa forme originelle dans le conflit ou la tension.

Contrairement à l'Amour, on ne peut donner la paix à qui que ce soit : on peut la souhaiter, certes, mais non la donner car nous sommes les seuls à pouvoir créer nous-mêmes la paix que nous voulons connaître.

Et pour créer cette paix en nous, il nous faut nous délester de tout ce qui n'est pas la paix : les conflits, le négativisme, la jalousie, le jugement, l'envie, la susceptibilité...

Pour amener plus de paix en ce monde, créons la paix en nous d'abord. De même que les grands conflits se nourrissent des petits conflits personnels, la paix dans le monde se nourrit ainsi de notre paix intérieure. Si chacun de nous l'alimente sainement, nous finirons par créer la paix sur notre planète !

Nos discours intérieurs

À tout moment, souvent à notre insu, se tiennent dans notre mental des conversations qui déterminent comment nous voyons la Vie.

Si nos discours intérieurs contiennent des propos qui jugent l'autre ou les autres, si nous maugréons intérieurement contre les aléas de la Vie, alors nous sommes en train de créer précisément ce que nos échanges mentaux contiennent.

Si dans notre tête, nous angoissons à l'idée de ce qui pourrait arriver, si nous envisageons le pire scénario, alors nous créons ce que nous craignons.

Si intérieurement nous entretenons des croyances qui nous sont nuisibles, comme « chaque fois que ça va bien, il m'arrive toujours quelque chose de négatif ! » ou « c'est toujours à moi que ça arrive ces choses-là ! ou « c'est ça, je passe toujours après les autres ! » alors nous matérialisons ces croyances en événements dans notre vie.

Nous sommes constamment en train de penser et, par conséquent, de créer notre réalité.

L'important, c'est d'être vigilants face à nos discours intérieurs afin de nous interrompre nous-mêmes lorsque les pensées que nous choisissons nous amènent de la souffrance plutôt que du bien-être. Il nous faut alors rediriger le flux de nos pensées vers des choix plus positifs, plus porteurs d'espoir, de lumière et d'Amour.

Continuer à mijoter le négatif et espérer avoir du positif dans notre vie est un non-sens !

Nous créons ce à quoi nous pensons. Choisissons des pensées d'abondance, d'Amour, de joie, de bien-être, d'acceptation, d'ouverture et de compassion et nous attirerons à nous la matérialisation de ces belles pensées.

Au début, cela ne se fera pas du jour au lendemain, d'où l'importance de maintenir le cap. C'est comme un verre d'eau sale que l'on remplit petit à petit avec de l'eau propre : l'eau finira par être propre si nous persistons !

L'intégrité

L'intégrité est le point central de notre vie et devrait nous sert de repère pour tous nos gestes, nos actes, nos décisions et nos paroles.

Faire ce qu'on dit et dire ce qu'on fait, c'est être en harmonie avec ce que nous sommes profondément.

C'est ne pas mentir, ne pas se nier, ni se rapetisser pour convenir aux attentes des autres. C'est être pleinement soi, être vrai, s'assumer et s'affirmer sans craindre la réaction des autres. Car leur réaction leur appartient !

Nous, ce que nous avons à faire, c'est de nous tenir debout, de mettre nos limites pour nous faire respecter, dire notre vérité même quand nous savons qu'elle va déranger. C'est aussi s'exprimer avec bienveillance de manière à ne pas utiliser des mots qui blessent, mais des mots qui aiment.

Être intègre, c'est connaître ses valeurs et agir en fonction de celles-ci. C'est prendre toutes nos décisions en fonction de ce que nous sommes en ce moment.

C'est chercher à toujours être la meilleure version de nous-mêmes, parce que c'est celle qui naît dans notre cœur et qui répond aux besoins de notre âme.

L'intégrité, c'est un pont entre nous et les autres, car seule l'intégrité nous permet une communication authentique, sans le bruit statique de nos masques, sans l'interférence de notre ego, sans la fausseté de notre besoin de préserver notre image.

Être intègre, c'est s'aimer assez pour être vrai, en tout temps.

En flagrant délit

C'est étrange comme parfois nos pensées nous guident et font tout pour nous donner raison. Ainsi, si nous croyons que notre ami nous ment, notre ego fera tout pour le prendre en flagrant délit de mentir.

Si nous avons l'impression que notre ado nous cache quelque chose, notre ego nous amènera à poser les gestes appropriés afin de nous donner la preuve de ce que nous croyons. Si nous avons l'impression de vivre du rejet depuis notre enfance, notre ego s'acharnera à nous « montrer » toutes les fois où les autres semblent nous rejeter.

Pourtant, fonctionner ainsi nous fait souffrir et nous éloigne de notre bien-être naturel. Alors pourquoi continuons-nous ? Parce que notre ego veut avoir raison sur tout ! Et parce que nous le laissons nous contrôler !

Pour changer ce mode de fonctionnement destructeur où l'ego veut à tout prix que nous croyons que les autres sont les méchants et nous les bons, nous pouvons renverser la vapeur.

Soyons vigilants pour prendre l'autre en flagrant délit… de faire une bonne action ! Soyons à l'affût de prendre notre ami sur le fait en train de dire la vérité. Apprécions chaque fois que notre ado fait preuve de transparence. Prenons tous les autres en flagrant délit d'acceptation, d'ouverture, d'écoute à notre endroit.

En tant que parents ou patrons, surprenons nos enfants ou nos employés à bien faire les choses, plutôt que de chercher à les prendre sur le fait quand ils font une erreur, selon nos critères.

Et nous-mêmes, prenons-nous en flagrant délit de faire ce qui est bon pour nous et de nous en féliciter chaque fois. Prenons-nous en flagrant délit de faire preuve d'Amour, de générosité, de compassion, d'écoute, d'aide envers les autres et soyons humblement fiers de nous chaque fois.

Cherchons le bon plutôt que le négatif. Et nous verrons le bon, plutôt que le négatif. Prenons en flagrant délit la beauté de la Vie ! Et nous verrons de plus en plus la Beauté de la Vie !

La grâce

Quel mot merveilleux que la grâce ! On dirait même qu'il faut le dire avec grâce !

« Avoir de la grâce », c'est un ensemble de caractéristiques un peu éthérées qu'une personne possède : de l'élégance dans la parole, le geste, la tenue ; du respect dans le propos, une délicatesse dans le ton, de la douceur dans le regard, de la bienveillance qui émane de tout l'être.

Nous disons aussi que quelque chose s'est réalisé « grâce » à la collaboration de certaines personnes. Des gens qui ont mis leur cœur, leur énergie et leur temps pour nous aider, pour permettre à notre projet de se réaliser, pour faciliter l'incarnation de nos rêves.

Mais surtout, il y a « rendre grâce ». Cette expression si belle est d'une puissance phénoménale pour être plus heureux.

Lorsque nous rendons grâce, nous remercions des forces plus grandes que nous pour la Vie que nous avons, pour un miracle dont nous avons été choyés ou tout simplement pour la journée que nous venons de vivre.

C'est en rendant grâce, dans la gratitude, la reconnaissance et la conscience que nous attirons à nous les beautés et les bontés de la Vie. C'est avec cette attitude de grâce que nous nous mettons à voir tous les petits et grands miracles quotidiens, les synchronicités, les belles rencontres, les petits sourires et les grandes Joies. Et c'est avec grâce que tous ceux-ci se multiplient sous nos yeux !

Car plus nous rendons grâce, plus la Vie nous comble !

Aujourd'hui, je vous rends grâce, chers amis, car grâce à vous, la Vie est merveilleuse !

Les moments magiques

Chaque jour, il nous est demandé de nous ouvrir à la Vie, de l'accueillir, d'ouvrir le cœur à ce qu'elle met sur notre chemin.

Si notre ego nous domine, il veut n'en faire qu'à sa tête et refuse trop souvent les cadeaux de la Vie. Si nous dominons notre ego, nous disons oui plus souvent à ce que la Vie nous sert de magie et de défis quotidiens.

Et plus nous disons oui, plus nous nous ouvrons à l'intelligence et à la sagesse de la Vie, plus il nous est donné de vivre des moments magiques.

Accueillir avec Amour une personne que nous ne connaissons pas et finir par découvrir à quel point cette personne est merveilleuse est un cadeau qui nous est offert souvent dans notre vie. Mais combien de fois disons-nous oui ? Nous éprouvons trop souvent de la méfiance, un désintérêt, ou carrément une fermeture devant des nouvelles situations.

Pourtant, c'est en laissant opérer la magie de la Vie que nous nous rendons compte à quel point nous passons à côté des plus beaux moments de notre vie quand nous voulons tout contrôler, tout savoir, tout prévoir, quand nous laissons notre ego nous dominer.

Lorsque nous ouvrons notre cœur, nous créons la place pour que les étincelles de magie puissent prendre de l'expansion entre nous et l'autre. Plus nos cœurs sont ouverts, plus ces étincelles se multiplient.

Il y a de ces moments magiques où deux cœurs, jusqu'alors inconnus, se rencontrent dans la beauté d'un instant infini. Alors nous savons au plus profond de nous qu'une amitié vient de naître pour toujours. Peut-être est-ce même une amitié qui renaît des siècles plus tard, parce que deux âmes se sont retrouvées...

En ouvrant notre cœur à la Vie, nous attirons à nous ces moments magiques qui nous rappellent à quel point la Vie ne nous veut que du bien.

Nous sommes tous unis quelque part. C'est ça la magie de la Vie !

Foncer ou se laisser guider ?

Qu'il est difficile parfois de faire la différence entre foncer et se laisser guider, entre agir et attendre, entre bouger et ne pas bouger !

Dans la réalisation de nos rêves ou de nos projets, nous nous faisons un plan d'action que nous suivons presqu'à la lettre. Nous voyons les obstacles sur notre chemin comme des ennemis qu'il faut vaincre. Nous fonçons tête baissée jusqu'au bout souvent sans nous demander en cours de route si la route, justement, n'a pas dévié de sa trajectoire.

Alors on rame à contre-courant, on force, on patine, on se défonce pour que ce qui nous tient à cœur se réalise comme nous le voulons, comme nous l'avons prévu.

Pourtant, il y a une telle différence entre « aller vers » et « laisser venir ».

Comme la Vie sait toujours mieux que nous ce dont nous avons besoin, le jour où nous acceptons cette évidence est un jour de grande libération. Nous comprenons alors que la Vie nous guide toujours au bon endroit au bon moment, exactement là où nous devons être pour apprendre ce que nous devons apprendre ou pour offrir ce que nous avons à offrir au monde à ce moment précis de notre vie.

Dans la confiance et dans le lâcher prise, il nous est possible d'accueillir ce que la Vie nous demande sans offrir de résistance. Ce qui est mis sur notre chemin est là pour nous, pas contre nous. À partir de là, il nous revient d'offrir les efforts nécessaires pour favoriser le déroulement des choses et des événements mais toujours en restant à l'affût du moindre signe de la Vie qui nous demanderait un réajustement.

Constamment, nous sommes ainsi réorientés, parfois d'un seul degré, parfois d'un angle droit ! Dans ces moments où la Vie nous indique autre chose, nous devons continuer d'accueillir ces messages en y opposant le moins de résistance possible.

Et puis d'un coup, nous comprenons à quel point notre Vie peut être fluide et belle si nous allons toujours dans le même sens que la Vie. Sans résistance. La résistance crée la souffrance, alors que l'accueil crée la fluidité !

On ne trouve pas notre mission : notre mission nous trouve!

Préférez-vous être heureux ou malheureux ?

Derrière cette question boutade se cache une vraie réflexion. Nous voulons tous être heureux, n'est-ce pas ? Mais faisons-nous ce qu'il faut pour l'être ? Quand on s'observe un tant soit peu, on réalise que l'humain a de bien drôles de comportements qui semblent aller à l'encontre de ce qu'il veut et on peut se demander s'il cherche à être heureux ou malheureux.

Si nous voulons être malheureux, nous continuerons à juger les autres, à commenter avec virulence, mépris et parfois agressivité ce que les autres disent, font ... ou écrivent ! Nous regarderons les autres avec méfiance percevant la plupart des inconnus comme des ennemis potentiels, les soupçonnant de vouloir nous exploiter ou nous mentir. La colère et le ton de voix agressif seront nos modes de communication préférés. Nous tenons mordicus à nos fausses croyances et nous les portons fièrement comme une armure.

Si nous voulons être heureux, nous cherchons à comprendre l'autre, à l'accueillir dans ce qu'il est, convaincus que nous portons tous en nous un minimum de bonté et d'Amour et que lorsque l'autre tente de nous faire du mal, c'est qu'il est pris dans sa propre souffrance. Nous avons de la compassion pour la souffrance de l'autre. Nous faisons confiance aux autres et à la Vie et nous écoutons notre intuition pour prendre nos décisions.

Si nous cherchons à être malheureux, nous ne nous ouvrons pas à de nouvelles manières de faire, de vivre, de penser, d'être. Nous protégeons jalousement ce que nous croyons être notre sécurité et malheur à qui veut la remettre en cause ! Nous n'osons pas sortir de notre zone de confort puisque nous n'y voyons pas d'intérêt. La peur domine nos pensées et notre mental nous concocte constamment les pires scénarios possibles pour alimenter notre peur. L'ego se protège farouchement et refuse toute nouveauté qui mettrait en péril sa fragilité. Nous gardons rancune et cherchons vengeance.

Si nous visons à être heureux, nous sommes ouverts à la Vie, aux imprévus, à la nouveauté. Nous sortons souvent de notre zone de confort pour y trouver de nouveaux défis, de nouveaux amis. Nous faisons équipe avec notre ego mais nous ne le laissons pas nous dominer. Lorsque nous sentons la peur s'immiscer dans nos pensées, nous évaluons si elle est réelle ou non et nous décidons en fonction de notre âme, pas de notre ego. Nous pardonnons, parce que cela nous libère d'un poids trop lourd pour notre bonheur.

Si nous cherchons à être malheureux, nous sommes perfectionnistes dans tout ce que nous faisons. Nous ne nous donnons pas le droit à l'erreur et nous ne nous arrêtons que lorsque nous sommes satisfaits, c'est-à-dire presque jamais ! Nous nous trouvons trop ceci, pas assez cela. Nous évitons de regarder notre reflet dans le miroir parce que nous n'aimons pas ce que nous y voyons. Nous ne nous sentons pas souvent à la hauteur des défis que nous rencontrons et nous refusons des occasions qui pourraient être intéressantes parce que nous avons peur que notre syndrome de l'imposteur soit découvert.

Quand nous voulons être heureux, nous faisons de notre mieux tout en respectant les autres. Nous n'avons pas besoin de prouver à qui que ce soit ce que nous valons, puisque nous sommes conscients de notre propre valeur. Nous nous aimons tels que nous sommes, et cela ne nous empêche pas de travailler chaque jour à devenir une meilleure personne, mais avec bienveillance et Amour envers nous-mêmes.

Bien entendu, personne ne veut être malheureux ! Nous ne faisons pas consciemment des choix en nous disant « Youpi ! si je fais ce choix, c'est sûr que je vais continuer d'être malheureux ! » Nous ne sommes simplement pas conscients à quel point nos barrières, nos limites, nos fausses croyances, nos peurs et notre ego dirigent notre vie.

Si ce texte a pu permettre de faire certaines prises de conscience de ce qui nous empêchent d'être heureux, alors il aura atteint son but.

N'hésitons pas à aller chercher de l'aide pour nous défaire de ce qui nous nuit si nous voulons vraiment être heureux. Nous le valons tous !

Le manque d'Amour

Dans notre apprentissage de notre estime de soi, nous connaissons tous des écueils. Parfois nous nous sentons si loin du but, il nous semble si difficile de nous aimer, que nous avons envie de blâmer nos parents pour notre manque d'estime personnelle. Nous avons envie de croire que c'est de leur faute si nous avons une si piètre opinion de nous-mêmes.

Pourtant, si nous prenons le temps de bien réfléchir à la question, peu importe ce que nos parents nous ont dit ou fait, peu importe comment ils nous ont traités, c'est souvent peu en comparaison de la manière dont NOUS nous traitons ! Nous sommes souvent nos propres abuseurs, nous sommes sans pitié pour nos erreurs, pour nos défauts pour nos limites. Nous nous jugeons sévèrement et avons tendance à être notre pire ennemi, souvent même notre pire patron pour nous-mêmes.

Peut-être que nos parents ont été inadéquats ou méchants dans le passé, mais nous le sommes souvent encore plus dans le présent avec nous-mêmes. Nous nous sabotons constamment.

Tout ce manque d'Amour envers nous-mêmes crée une intense énergie émotionnelle qui, si nous ne l'exprimons pas, se transforme en dépendances, obsessions, compulsions, dépressions, maladies, relations toxiques. Si au contraire, nous l'exprimons, ce sera sous forme de violence, d'agressivité, d'oppression, de méfiance, de jugement, de susceptibilité.

Il nous faut de toute urgence commencer dès maintenant à être bons pour nous. À prendre soin de nous. À nous accorder le droit à l'erreur. À faire ce qui est bon pour nous. À apprendre à dire « non » quand un « oui » nous renierait. Et à dire oui quand un « non » serait guidé par la peur. À nous pardonner, à pardonner à nos parents, aux autres.

Entourons-nous de beauté, de bonté, de belles personnes et de bonnes personnes. Fuyons ce qui est toxique. Reconnaissons nos qualités et portons-les fièrement. Lisons, écoutons et regardons ce qui est positif et évitons le négatif sous toutes ses formes. Faisons chaque jour, sans faillir, au moins trois choses qui nous rendent heureux, même si cela implique de laisser de côté des choses qu'on croit importantes.

Car rien n'est plus important que d'apprendre à s'aimer si on veut apprendre à aimer et être aimé.

Le libre arbitre

Notre droit de naissance à tous c'est l'Amour. Peu importe dans quelles conditions nous naissons, nous sommes Amour, puisque notre âme n'est composée que d'Amour.

Malheureusement, souvent tôt dans notre vie, nous apprenons la peur. Dès lors, toute notre vie, notre cheminement personnel consistera à « désapprendre » la peur et à réapprendre l'Amour.

Revenir à l'Amour en nous, redevenir aimants est sans aucun doute le but le plus noble de notre existence. Seul l'Amour donne un sens à notre vie. Ce n'est ni la peur, ni le matériel, ni l'argent, ni le succès, ni la carrière qui donne un sens à notre Vie. C'est l'Amour.

Nous avons besoin d'Amour pour être heureux : celui que nous nous donnons, celui que nous donnons aux autres, celui que nous acceptons des autres.

Lorsque nous laissons la peur nous guider, sous toutes ses décantations, nous passons à côté de notre vie. La peur qui nous habite est comme un mauvais rêve. Elle fabrique un univers parallèle où l'irréel semble réel et le réel semble irréel. C'est tout ce qui procède de l'Amour qui est réel. Le reste est une illusion créée par la peur.

Lorsque nous finissons par nous débarrasser de la majorité de nos peurs dans notre vie, lorsque nous basculons enfin de la peur à l'Amour, c'est ça, le vrai miracle de la Vie.

Car tant que notre esprit se nourrit de peurs, nous créons dans notre vie des événements nourris de peur qui nous rendent malheureux. Mais dès que nous procédons à partir de l'Amour, nous changeons complètement notre vie et les événements qui se présentent dans notre vie changent pour le mieux.

Parfois, on dirait que nous avons peur de laisser aller nos peurs et de choisir l'Amour. Et pourtant, le seul bonheur accessible est dans l'Amour. Jamais dans nos peurs.

Nous pouvons toujours choisir de voir à travers le hublot de l'Amour plutôt que de celui de la peur. Nous pouvons tous créer ce miracle en nous débarrassant de nos peurs pour choisir l'Amour. Pour chaque décision, interprétation, pensée, geste, demandons-nous si nous agissons à partir de la peur ou de l'Amour.

Il est là, notre libre arbitre.

Ce qui nous met en colère

Nous ne sommes pas toujours conscients des blessures que nous portons. Bien sûr, nous les connaissons mais nous ne voyons pas toujours en quoi elles nous nuisent dans notre vie, puisque leur manifestation se fait sous différentes formes.

Ce qui nous met systématiquement en colère est un bon indice de cette zone en nous qui a besoin d'être réchauffée par notre Amour. En effet, les choses qui nous font fâcher, celles qui nous irritent sont souvent indicateurs d'une forte résistance que nous portons et que notre ego défend avec agressivité en se mettant en colère !

Ainsi, si nous avons peu de tolérance pour l'abus sous toutes ses formes, que ce soit abuser de la bonté de quelqu'un, de son temps, abuser physiquement, moralement, abuser en exploitant une personne au travail ou dans la vie, il y a de fortes chances que nous portions nous-mêmes cette blessure d'abus et que celle-ci ne soit pas guérie ni cicatrisée. Cela aussi peut nous indiquer que nous abusons parfois de nous-mêmes en nous mettant des exigences élevées et sans cesse renouvelées.

Si nous sommes fortement irrités par une trahison que nous observons dans une situation donnée, c'est que cette blessure de trahison en nous a besoin qu'on en prenne soin. Nous nous trahissons probablement nous-mêmes en ne respectant pas nos besoins et en ne répondant pas à l'appel de notre âme. Si nous voyons un parent crier après son enfant et que cela nous bouleverse, nous portons sans doute lune blessure reliée à de l'agressivité que nous avons subie et qui remonte à la surface à la moindre occasion. Ayons le courage de travailler à la cicatrisation de cette blessure et donnons-nous plus de douceur dans notre vie pour ne pas perpétuer ce cycle de violence envers nous-mêmes.

Là où nous présentons de la résistance à ce qui est présent fait souvent référence à une peur reliée à une blessure. Une forte résistance en nous qui entraîne de la souffrance est le fruit d'une souffrance ancienne que nous n'avons pas réglée.

La Vie nous indique continuellement ce que nous avons à travailler en nous, ou plutôt ce dont nous avons besoin de prendre soin en nous. Y résister ne fait qu'augmenter la douleur. L'accueillir et trouver quelle est la part en nous qui a plus besoin d'Amour en ce moment est le meilleur moyen de commencer notre processus de guérison et de poursuivre notre évolution personnelle.

Tout a un sens dans la Vie !

Les passages difficiles

Plusieurs d'entre nous vivons au cours de notre vie des passages difficiles, allant de la remise en question à la dépression, de la perte d'un emploi à la perte d'un être cher. Ces moments sont incroyablement souffrants car nous avons l'impression que nous ne surmonterons jamais ce qui « nous arrive », tellement cela nous semble difficile. Nous avons peut-être même tendance à nous laisser aller au désespoir tellement nous nous sentons seuls dans cette situation, tellement ça fait mal !

Et pourtant... Il semble que nous, les humains, ayons besoin de connaître ces moments de désarroi terrible pour enfin demander de l'aide à plus grand que ce nous, pour renoncer finalement à vouloir à tout prix que les choses se passent à notre façon, pour faire preuve de l'humilité et de la vulnérabilité nécessaires qui créent les brèches dans notre carapace, y faisant autant de fissures par lesquelles la Lumière peut enfin entrer.

Parfois, nous ne sommes prêts à entendre et à comprendre que lorsque nous avons posé les deux genoux à terre. Complètement.

Le jour où nous abandonnons notre résistance pour demander : « Montre-moi le chemin, dis-moi ce que je dois faire, parce que maintenant, je ne sais plus, je ne vois plus, je n'en peux plus » est le jour où la Vie peut enfin nous ramener à notre essence véritable. Elle nous réaligne alors avec ce que nous sommes au fond de nous mais que nous avons perdu de vue. Elle peut maintenant prendre soin de nous parce que nous ne lui résistons plus.

C'est parfois une reconstruction complète qu'elle nous guide à faire, tellement nos fondations étaient endommagées. Mais cette reconstruction, c'est aussi notre nouvelle naissance. Nous fonctionnons tous sur le même principe que l'Univers : nos phases de contraction (la douleur, la noirceur la souffrance) précèdent toujours nos phases d'expansion : la libération, la Lumière, la guérison. Quelle que soit la situation pénible que nous traversons en ce moment, n'oublions jamais que c'est une étape importante dans notre processus de cheminement spirituel et d'évolution personnelle. Aussi douloureuse soit l'étape que nous vivons actuellement, aussi merveilleuse sera la renaissance qui suivra.

Puis un jour, miraculeusement, nous comprenons que ne serions jamais devenus cette personne que nous sommes aujourd'hui si nous n'avions pas connu cette souffrance. Ce jour-là, aussi incroyable que cela puisse paraître, nous sommes reconnaissants à la Vie pour ces souffrances passées et pour la merveilleuse transformation qu'elles ont engendrée. Nous donnons alors un sens à nos souffrances...

Faire autre chose

Il nous arrive à peu près de tous de buter sur quelque chose encore et encore. De revivre les mêmes scénarios dévastateurs dans notre vie Amoureuse, professionnelle ou sociale.

Ainsi, nous finissons une relation Amoureuse difficile pour nous retrouver éventuellement dans une autre relation qui, à prime abord, semble totalement différente de la précédente. C'est pourquoi nous nous y engageons, pour finalement nous rendre compte après quelque temps que notre nouveau conjoint a les mêmes caractéristiques que nous reprochions à l'ancien.

Nous quittons un emploi parce que le climat nous était insupportable ou par ce notre patron l'était et, sans qu'on l'ait vu venir, nous acceptons un nouvel emploi qui s'avère, à la longue, aussi pénible que le précédent. Ou nous attirons toujours le même genre d'amis et de relations, qui viennent irriter nos zones d'impatience et de souffrances.

Si nous vivons à répétitions ce genre de situation, cela signifie au moins deux choses :

La première, c'est qu'il y a quelque chose que nous refusons d'apprendre et qui se répète d'une fois à l'autre, inlassablement.

La seconde, c'est qu'il est grandement temps de faire les choses autrement !

Il est temps d'adopter de nouveaux comportements, de changer de milieu, de faire un travail sur soi, d'envisager des emplois et des gens en dehors de notre zone de confort. Car si nous continuons à faire toujours la même chose, nous obtiendrons toujours les mêmes résultats !

Sortons de notre cadre traditionnel ! Ainsi, nous pouvons envisager de regarder d'autres de types de personnalité que celles qui nous attirent toujours ; nous pouvons faire plus de recherche sur le nouvel emploi qui nous intéresse avant de l'accepter. Nous pouvons faire une réflexion sur ce que nous cherchons comme qualités essentielles chez nos amis et nous éloigner des nouvelles personnes que nous rencontrons mais qui ne possèdent pas ces qualités.

Et surtout, nous pouvons entreprendre une démarche courageuse, authentique et lucide pour trouver ce que nous avons à apprendre de ce qui se répète dans notre vie et qui nous fait souffrir. Ainsi, en apprenant et en faisant quelque chose de différent, nous pourrons enfin passer à autre chose ! Et nous nous donnons la possibilité de vivre enfin des relations plus harmonieuses.

Vivre à deux pour grandir !

La vie à deux est moins simple de nos jours que du temps de nos arrière-grands-parents ! À l'époque, on ne se mariait pas toujours par Amour, on ne se posait pas trop de questions et on devait rester « ensemble jusqu'à ce que la mort nous sépare ».

Aujourd'hui, il y a beaucoup plus de relations jetables : dès que quelque chose accroche, on sort de la relation. Nous en sommes venus à admirer les couples qui sont ensemble depuis longtemps et qui semblent vraiment heureux.

La plupart des gens souhaitent être heureux en Amour. Nous cherchons l'âme sœur et quand nous la trouvons, nous sommes tellement en Amour que nous souhaitons sincèrement être heureux avec cette personne pour toujours. Nous croyons même que nous devons rendre l'autre heureux, tout comme nous croyons que celui-ci a le pouvoir de nous rendre heureux, ou malheureux s'il nous retire son Amour.

Bien que prendre soin de sa relation implique de poser les petits gestes qui font plaisir à l'autre et qui « contribue » à son bonheur, nous ne sommes pas ensemble pour rendre l'autre heureux ni pour que l'autre nous rende heureux.

Nous vivons à deux pour grandir ensemble !

Nous sommes ensemble pour évoluer ensemble, pour apprendre à mieux aimer ensemble, pour nous supporter mutuellement dans notre évolution personnelle, pour développer notre Amour inconditionnel, pour devenir de meilleures personnes.

Dans cette optique, les conflits qui naissent inévitablement devraient nous apprendre quelque chose sur nous-mêmes d'abord, sur ce que nous avons à développer pour nous. Les difficultés que nous rencontrons comme couple sont là pour nous faire grandir, idéalement ensemble, sinon chacun à notre façon. C'est dans cet accompagnement mutuel que l'Amour se renforcit et prend de l'expansion, nourri par le cheminement de chacun vers sa propre lumière.

Évidemment, on exclut ici toute relation toxique ou violente qui ne devrait jamais être tolérée.

Mais pour toute relation de couple saine, lorsque nous voyons l'autre comme étant un « enseignant » dans notre vie, les irritants deviennent des leçons qui nous montrent à mieux aimer.

Si nous acceptons de voir l'autre comme un miroir à nos propres défis, et si nous mettons notre ego de côté pour laisser notre cœur prendre sa place, nous pouvons progresser plus rapidement sur le chemin de l'apprentissage de l'Amour inconditionnel. Les défis sont grands et pas toujours faciles, cela ne nous rend pas toujours heureux, mais ce que nous en retirons est inestimable.

En prime, notre Amour pour l'autre grandit à travers ces apprentissages.

Et même si un jour les routes se séparent, ce que nous aurons appris dans cette relation d'Amour aura vraiment fait de nous une meilleure personne !

Les frustrations

Ce que nous pouvons en vivre des frustrations dans notre vie ! Avec nos parents d'abord, puis avec nos professeurs, avec nos amis, avec nos collègues, avec nos patrons, avec nos conjoints, avec nos enfants pour boucler la boucle !

Nous réagissons d'abord aux frustrations comme les enfants de deux ans, dans leur phase du « non » incapables de vivre de la frustration ! Puis nous développons toutes sortes de mécanismes pour composer avec les frustrations : la bouderie, la colère, la manipulation, l'agressivité, la fuite, l'affrontement, l'affirmation... pour finir par la réduction, sinon l'élimination, de nos réactions aux frustrations.

Car une frustration n'est rien si nous n'y réagissons pas ! C'est notre réaction qui lui donne du pouvoir, qui lui donne la capacité d'exister.

Toutes nos frustrations originent d'un seul et même point de départ : notre ego ! Eh oui, encore lui ! C'est notre ego qui est frustré de ne pas avoir été reconnu, entendu, respecté, compris, vu, admiré, tenu en compte, apprécié, admiré, aimé. Notre ego a tous les désirs égoïstes qui soient. Quand l'un de ses désirs n'est pas répondu, il est frustré !

Si nous cherchons à réduire nos réactions aux frustrations, il nous faut accepter que dans la Vie, tout est toujours parfait ! Oui je sais, ce n'est pas facile ! Mais c'est la réalité.

Si notre conjoint oublie notre rendez-vous, nous pouvons être frustrés, mais cela ne changera rien à la situation. Si notre ado ne range pas ses choses, nous pouvons être frustrés, mais cela ne fera qu'envenimer notre relation. Si notre patron nous manque de respect, nous pouvons être frustrés mais cela ne réglera rien.

Pour chaque situation, il existe TOUJOURS une autre voie que celle d'être frustrés. Si la situation ne peut être changée, nous pouvons l'accepter et nous dire que tout est parfait quoi qu'il arrive. Nous pouvons chercher en quoi cet imprévu nous apporte quelque chose de bon. Car il y a toujours quelque chose de bon dans TOUT.

Si cette situation peut être changée ou modifiée, alors il nous revient de nous affirmer, de prendre notre place fermement mais calmement, dans le respect de soi et d'autrui. Si nos efforts pour changer la situation s'avèrent vains, alors nous pouvons choisir de rester... ou de partir.

Quand notre ego réagit fort aux frustrations, nous pouvons lui parler et lui ordonner de se calmer, l'assurer que nous avons la situation bien en mains et que nous nous en occupons. Pour ma part, je dis à mon ego, que j'ai affublé d'un prénom secret !, d'aller se coucher, que c'est moi qui prend la situation en charge à partir de maintenant.

Le fait d'accepter que tout est toujours parfait dans la Vie a beaucoup d'influence positive sur notre manière de réagir à tout ce qui se passe. Parce qu'alors nous sommes dans l'acceptation totale de ce qui se présente sur notre chemin. Et, du coup, nos frustrations sont beaucoup moins fréquentes et considérablement réduites.

La cohérence

Beaucoup d'entre nous voulons bien des choses mais ne faisons pas grand-chose pour les obtenir !

Ainsi, nous voulons être en Amour, mais nous ne nous aimons pas nous-mêmes. Nous voulons rencontrer l'âme sœur, mais nous hésitons à nous engager, de peur de nous tromper ou d'avoir à changer trop de choses dans notre vie, surtout si nous sommes seuls depuis longtemps.

Nous voulons être riches, mais nous nous plaignons de toujours manquer d'argent, alors que nous dépensons des sommes importantes en choses futiles et même souvent dommageables pour notre santé.

Dans le même sens, nous voulons être en santé, mais nous faisons peu d'exercices, nous mangeons mal, dormons peu et agissons comme si notre santé actuelle était acquise pour toujours.

Nous avons des rêves, mais à part y penser, faisons-nous vraiment quelque chose chaque jour pour nous en rapprocher ?

Notre manque de cohérence entre ce que nous disons vouloir et ce que nous faisons vraiment pour l'obtenir est flagrant et crée un obstacle majeur à la réalisation de nos rêves.

Tant que nos gestes et nos paroles ne seront pas alignés ensemble, nous rencontrerons toujours des écueils pour obtenir ce que nous voulons. Et tant que nos gestes, nos paroles et nos pensées ne seront pas alignés avec notre mission, nous forcerons trop souvent pour concrétiser la moindre petite chose.

Nous voulons rencontrer l'être cher ? Commençons par nous aimer d'abord, la base de tout. Puis, agissons dès maintenant pour être un partenaire de vie agréable et libéré de ses boulets. Soyons au clair avec ce que nous voulons vivre comme relation Amoureuse. Soyons conscients des ajustements que nous avons à faire pour qu'une personne puisse entrer dans notre vie et y trouver sa place auprès de nous.

Nous pouvons aussi gérer plus efficacement notre santé, notre argent, notre temps et nos énergies. On n'apprécie pleinement la santé, l'Amour, les rêves et la richesse qu'après les avoir perdus et retrouvés.

Adoptons la cohérence entre ce que nous disons et faisons si nous voulons vivre la Vie de nos rêves. Cherchons l'alignement avec ce dont notre âme a vraiment besoin et gardons-le précieusement.

Ainsi pourrait être le monde

Nous pourrions tous vivre dans l'abondance. Pas seulement l'abondance matérielle, mais l'abondance en Amour, en amitié, en générosité, en petits et grands cadeaux de la Vie.

Nous pourrions tous vivre solidaires les uns des autres. Plutôt que de nous juger, nous pourrions nous entraider quand nous voyons que l'autre éprouve des difficultés. Nous pourrions nous aider mutuellement à passer au travers des passages difficiles.

Nous pourrions tous vivre dans le pardon. Nous pourrions choisir de vivre en paix en laissant partir la rancune qui nous habite, en faisant la paix avec notre passé pour pouvoir vivre en paix dans le présent.

Nous pourrions tous vivre en harmonie. En comprenant que l'autre est là pour nous montrer ce que nous avons à travailler pour devenir une meilleure personne et que nous sommes là pour être son miroir à lui aussi. Nous pourrions utiliser les conflits naissants pour identifier rapidement nos zones qui ont besoin de plus d'Amour et ainsi faire disparaître les tensions avant qu'elles n'éclatent.

Nous pourrions tous vivre dans le succès, en collaborant chacun au succès de l'autre, en mettant nos énergies là où la Vie nous demande de les mettre. Au lieu de jalouser, nous serions fiers du succès de l'autre que nous partagerions avec humilité.

Nous pourrions tous vivre dans la simplicité du cœur, car c'est dans la simplicité que nous sommes les plus authentiques. C'est là que nous pensons et vivons simplement, sans vouloir impressionner quiconque et sans compliquer inutilement ce que nous vivons.

Nous pourrions tous vivre dans l'ouverture, du cœur et de l'esprit ; ouverture à l'autre, à la vie, aux événements, aux imprévus, à la beauté et aux surprises sur notre route.

Nous pourrions tous vivre dans l'Amour, de soi, pour mieux aimer l'autre ; de l'autre, parce que sans les autres notre vie a peu de sens. Nous pourrions tous cultiver l'Amour comme un grand jardin que nous ferions fleurir à l'année, toute notre vie durant.

Nous pourrions tous faire tout ça. Nous POUVONS tous faire tout ça. Il suffit que nous le choisissions.

Il suffit que nous décidions qu'Ainsi pourrait être le monde...

Faire face à la réalité

Plusieurs d'entre nous restons parfois longtemps dans la phase enfantine, où nous souhaitons inconsciemment que d'autres que nous prennent les décisions à notre place, gèrent les problèmes pour nous, et règlent les difficultés comme nos parents le faisaient pour nous dans notre enfance.

Mais voilà, nous ne sommes plus des enfants ! Notre difficulté parfois à faire face à la réalité est empreinte de peurs irraisonnées, comme si le fait de nous assumer pleinement et de devenir enfin adultes allait créer un raz-de-marée dans notre vie ! Nous craignons que si nous osons prendre enfin notre place, les autres ne nous aimeront plus, qu'ils seront en colère, que nous allons perdre quelque chose.

Au contraire, nous ne perdrons jamais rien à prendre notre place, à faire face à la réalité et à nous affirmer : c'est en ne le faisant pas que nous perdons le plus : nous NOUS perdons ! Il est impossible d'être vraiment authentiques si nous n'osons pas nous affirmer. Il est impossible d'être nous-mêmes si nous n'osons pas prendre notre place. Et il est impossible d'être heureux si nous n'affrontons pas notre réalité.

Car aussi loin que nous essayons de fuir notre réalité, de ne pas y faire face, de ne pas l'assumer, elle nous rattrape TOUJOURS. Et plus nous longtemps nous la fuyons, plus douloureuses sont les retrouvailles !

Prendre notre place, nous affirmer et faire face à la réalité demandent du courage, certes. Mais pourtant, ce n'est JAMAIS aussi pire que ce que nos peurs, alimentées par notre ego, essaient de nous faire croire. Ce n'est pas ce mur immense que nous imaginons devoir franchir, c'est tellement beaucoup plus simple que cela.

Car il s'agit en fait d'un premier pas, un tout petit premier pas à poser pour que nous apprenions enfin à nous tenir debout. Commençons par nous affirmer devant des situation banales, prenons notre place dans les événements peu importants, entraînons notre esprit à faire face aux réalités simples et nous développerons petit à petit le muscle du courage que nous avons laissé s'atrophier depuis trop longtemps, parfois depuis toujours.

Et puis un jour, nous nous tiendrons debout face à la réalité, entièrement, complètement et authentiquement. Nous saurons alors, au plus profond de nous, que rien ne peut jamais nous détruire sans notre accord. C'est ce jour-là que nous ferons le plus grand pas pour être enfin nous-mêmes !

La pâte à modeler !

Plusieurs d'entre nous sommes comme de la pâte à modeler. Notre conjoint/e nous tend un moule, celui de ses attentes, et nous nous pétrissons pour rentrer dans ce moule et le remplir parfaitement. Même si cela nous fait mal, nous nous assurons de ne pas dépasser du moule et de devenir le plus beau modelage qui soit.

Puis, au travail, notre patron nous tend un autre moule. Nous défaisons alors celui que nous portions à la maison pour nous remodeler d'après le nouveau moule relié aux attentes de notre employeur. Nous poussons dans les coins et nous assurons encore une fois de bien remplir ce nouveau moule.

Nous rendons visite à nos parents qui nous redonnent un autre moule, souvent celui que nous portions petits : nous nous y sentons à l'étroit mais encore une fois, nous faisons tout pour y entrer comme il se doit, comme le bon garçon ou la bonne fille que nous sommes.

Avec nos amis, il y a plusieurs moules dans lesquels nous nous efforçons de convenir parfaitement. Il y a d'autres moules pour les conventions sociales, ceux que nous croyons que nos enfants nous demandent de remplir, et tant d'autres.

Pourtant, nous savons tous ce qui arrive à la pâte à modeler à force d'être pétrie, roulée, repétrie, roulée en petite boule, aplatie dans des moules constamment différents : elle sèche et se brise en petits morceaux !

N'attendons pas de sécher au point de nous briser et de ne plus savoir qui nous sommes !

Nous ne sommes pas de la pâte à modeler ! Nous n'avons pas à entrer dans des moules que d'autres ont fabriqué pour nous. Nous n'avons pas à répondre aux attentes de tout un chacun et à ne pas dépasser du cadre.

Au cas où nous l'aurions oublié, nous sommes des êtres libres. Libres d'être ce que nous sommes, complètement, sans nous rapetisser ni nous aplatir pour qui que ce soit.

Nous sommes tous, au-delà de notre corps, des êtres infinis qui n'ont pour seules limites que celles que nous nous mettons nous-mêmes. Qu'attendons-nous pour être enfin libres d'être pleinement nous-mêmes ? Personne n'est fait pour passer sa vie dans un moule !

Assumons ce que nous sommes en totalité. Si les autres n'apprécient pas, nous pourrons toujours leur offrir avec Amour une boîte de pâte à modeler pour qu'ils s'amusent avec autre chose que notre personnalité !

Qui est le patron dans notre vie ?

En effet, qui est le patron dans notre vie ?

Qui prend les décisions reliées à notre quotidien ? Si nous prenons nos décisions par habitude, sans y penser, et que nous répétons toujours les mêmes choses dans nos actions, c'est la routine qui prend les décisions à notre place. Nous lui avons accordé ce pouvoir probablement parce que nous n'avons jamais pensé le remettre en question, étant donné que c'est plus facile de cette manière. La routine devient notre patron.

Si, aux grands carrefours de notre carrière, nous n'osons pas bouger puisque le saut dans l'inconnu nous effraie, alors que nous restons dans un emploi sécure, mais monotone, alors ce sont nos peurs qui décident à notre place. Elles nous incitent à rester dans notre prétendue zone de confort et nous font croire que le danger est d'en sortir. Nos peurs deviennent notre patron.

Si dans notre couple, nous laissons l'autre conjoint/e décider de ce que nous mangeons, faisons, où nous allons, quelles vacances nous prenons, qui nous invitons, alors nous avons remis notre pouvoir entre les mains de l'autre, soit parce que nous avons de la difficulté à nous affirmer, soit par paresse, parce que c'est plus facile ainsi. C'est notre conjoint/e qui devient notre patron.

Lors que nous restons en colère, que nous sommes susceptibles, que nous avons soif de vengeance ou d'admiration, lorsque nous pestons contre les autres et nous croyons supérieurs, tout comme lorsque nous croyons que nous ne sommes pas à la hauteur, alors c'est notre ego qui nous domine. Le patron, c'est lui !

Mais nous, où sommes-nous dans tout ça ?

Il est grandement temps que nous nous réapproprions notre pouvoir, de reprendre la maîtrise de notre vie, de nos décisions, de nos goûts, de nos choix. Il est temps que nous reprenions notre place de conducteur dans le véhicule de notre vie. Il est temps que nous nous assumions, que nous nous affirmions, que nous nous solidifions.

Il est temps que nous nous aimions !

Car le seul véritable patron dans notre vie, c'est la Vie elle-même !

Et c'est le meilleur patron du monde !

Franchir le seuil

Franchir le seuil de ce qui nous semble insurmontable est toujours une grande victoire dans notre vie !

Quand nous osons nous tenir debout pour la première fois et que nous disons NON ou « C'est assez! » à ce qui ne nous convient pas ou plus, nous franchissons la peur de nous affirmer et traversons le seuil au-delà des limites que nous portions jusqu'ici.

Quand nous avons le courage de dire notre vérité, de révéler ce que nous sommes vraiment, de parler de nos peurs et d'avouer ce qui nous tenait enchaînés, nous franchissons une étape importante dans notre « affranchissement » de l'opinion de l'autre. Nous faisons alors la preuve que nous commençons à nous aimer suffisamment pour nous dire, dans notre intégrité, qu'elles qu'en soient les conséquences.

Quand nous franchissons les limites de notre zone de confort, nous envoyons un message clair à la Vie que nous lui faisons confiance puisque nous avançons dans l'inconnu, n'écoutant que notre élan du cœur pour initier quelque chose de nouveau pour nous. Chaque fois, nous sommes surpris de constater à quel point la Vie est bonne pour nous lorsque nous osons essayer autre chose.

Franchir le seuil de notre demeure, c'est aussi avoir le courage de revenir à soi, de rentrer chez soi pour y retrouver la personne que nous sommes devenues après toutes ces explorations. C'est avoir la franchise de nous regarder tels que nous sommes et de nous aimer dans tous les aspects que nous y trouvons.

Dans le mot franchir, on retrouve les mêmes origines que la franchise et l'affranchissement, comme synonyme de vérité et de liberté. C'est un pas franc, pour aller au-delà du seuil, au-delà des apparences, au-delà de nos croyances limitatives.

C'est faire le premier pas vers soi, le plus important de tous.

C'est apprendre à s'aimer, un pas à la fois !

Quand on ne se sent plus utile

Quand on a consacré la majeure partie de sa vie à s'occuper des autres et que nous nous retrouvons sans plus personne de qui prendre soin, nous traversons une période difficile qui nous remet beaucoup en question. À quoi, à qui sommes-nous utiles maintenant ?

Si nous avons été dans le don de soi toute notre vie, nous avons probablement été une source de réconfort, de sécurité, de bien-être, d'amitié pour les autres. Mais nous, à quelle source nous sommes nous abreuvé ?

Perdre le sens de notre identité parce que nous n'avons plus de travail ou que nous n'avons plus personne de qui prendre soin est souvent un choc pour bien des gens. C'est un deuil que nous devons faire sur ce que nous avons cru être pendant une partie de notre vie.

Et pourtant, en nous identifiant à ce que nous faisions, plutôt qu'à ce que nous sommes, nous avons construit une partie de notre identité à l'extérieur de nous-mêmes.

Ce sentiment d'inutilité qui nous envahit alors, de vacuité même parfois, est un cadeau de la Vie pour nous montrer qu'il est plus que temps de commencer à prendre soin de nous ! Nous nous sommes oubliés pendant toutes ces années à aller vers l'extérieur, il est temps que nous fassions un autre bout de chemin en allant vers l'intérieur, en allant à l'intérieur de soi. Reconnaissons-nous la personne que nous sommes devenues ? Où est l'enfant en nous avec ses rêves et ses désirs ? Les avons-nous réalisés ?

Les temps d'arrêt dans notre vie, par perte ou fin d'emploi, par solitude, par maladie ou volontaires, sont des occasions privilégiées de faire le point, en soi, de voir où nous sommes rendus et où nous voulons aller maintenant.

Si nous avons consacré une partie de notre vie aux enfants, au travail, au conjoint, aux parents, il est essentiel que nous revenions vers nous pour nous réapprivoiser, pour nous redéfinir parfois, pour réapprendre à nous aimer, souvent.

Redevenir notre meilleur ami est un merveilleux cadeau à nous faire, quel que soit notre âge.

Ce n'est pas le sentiment d'être utile qui est le plus important pour notre âme, c'est la conviction profonde d'être à la bonne place, au bon moment, en tout temps.

L'importance des blessures

La majorité d'entre nous avons connu bien des blessures, parfois dès notre naissance et jusqu'à maintenant.

Que nous le voulions ou non, ces blessures conditionnent nos comportements, nos réactions, nos peurs, notre capacité d'aimer et d'être aimé et notre ego, entre autres. Parfois, avec beaucoup de courage, nous osons les regarder franchement pour commencer le travail de guérison qui amènera une grande libération. Si nous ne pouvons guérir de toutes nos blessures, au moins nous pouvons les cicatriser, quitte à porter fièrement en balafre l'enseignement qu'elles nous auront apporté.

Nous n'avons pas à porter seuls toutes ces blessures. Le pouvoir de la parole et du partage, avec des personnes dignes de confiance, est un puissant outil de cicatrisation.

En commençant à en parler, déjà nous nous sentons moins seuls. Le fait de partager notre vécu et d'être soutenus dans la narration de nos épreuves est une grande source de réconfort, de soutien, de brisure de l'isolement. Nous réalisons que d'autres aussi ont connu des épreuves similaires aux nôtres. Si nous avons le privilège d'être accompagnés par une personne d'expérience, nous pourrons dès lors commencer la cicatrisation. Et nous pourrons aussi commencer à extraire l'essence et le sens de ce que chacune est venue faire dans notre vie.

Aucune blessure ne doit être inutile. Les refouler, les ignorer ou les enfouir est la pire chose que nous puissions faire dans notre quête du bonheur et de la sérénité. Les affronter ave courage et en y mettant tout notre cœur est sûrement l'une des plus belles preuves d'Amour de soi qui soit ! Ce n'est pas un hasard si le mot courage tire son origine étymologique du mot cœur !

Faire face à nos blessures avec cœur et courage est le meilleur outil de guérison qui soit. Le processus prend le temps nécessaire à chacun pour s'en défaire. Chacune d'entre elles a un cadeau immense à nous transmettre : développer plus d'Amour, de compassion, d'empathie, donner un sens à notre souffrance, aider les autres en les comprenant mieux, faire une différence positive dans la vie des autres...

Soigner ses blessures, ce n'est pas « gratter le bobo » ! C'est au contraire leur donner un sens et en faire un tremplin de croissance et d'Amour !

Être heureux au travail

Quand on a l'impression d'avoir fait le tour du jardin, au travail ou dans notre vie, nous nous retrouvons toujours à la croisée des chemins.

Au travail, ce qui nous stimulait tant ne nous enthousiasme plus. Le mode de fonctionnement qui nous plaisait semble devenu une surcharge de procédures et de réunios inutiles. Nous n'arrivons plus à trouver la motivation ni la flamme pour être heureux dans notre travail et surtout pour nous y réaliser pleinement.

Dans certains cas, nous aimons notre travail mais c'est le climat qui nous entoure que nous ne pouvons plus supporter ! Les gens négatifs, toxiques même, l'insécurité, les coups bas sont peut-être devenus les signes indéniables qu'il nous faut nous questionner sur la pertinence de rester dans cet emploi. Et même si nous sommes patrons, vient un moment dans la Vie où nous remettons en question ce que nous avons fait : tous ces efforts pour ça ?

Souvent, nous arrivons à la croisée des chemins dans notre vie personnelle et au travail en même temps ! Il nous semble alors que tous nos points de repères s'effacent. Pire, nous avons peut-être même l'impression de nous éteindre à petit feu. Ces moments charnières de notre vie, malgré leur aspect souvent pénible, sont des cadeaux mal emballés ! La Vie nous appelle à nous arrêter pour faire le point, pour revenir à nous, en nous. À partir de ce qui n'a plus de sens, elle nous demande de trouver maintenant ce qui a du sens pour nous.

Nous changeons, nous évoluons. La Vie nous façonne, nos choix aussi. Nous ne sommes plus la même personne qu'il y a 10, 20 ou 30 ans. Il est normal que nos goûts, nos désirs, nos rêves, nos aspirations aient changé.

Ne nous accrochons pas à ce qui ne semble plus avoir de sens pour nous. Cette vie-là a été vécue. Nous l'avons fait ce travail-là ! Nous avons maintenant l'opportunité de faire autre chose, de faire enfin ce qui répond mieux aux aspirations de notre âme, ce qui nous donne à nouveau des papillons dans le ventre. Malgré l'insécurité, ne restons pas malheureux dans ce qui n'est plus nous ! Puisque nous y passons la majeure partie de notre vie d'adulte, la Vie est trop courte et c'est trop important pour que nous « endurions » ce qui ne nous convient plus !

Prenons le temps de trouver ce qui nous allume, faisons-nous aider peut-être, et réalignons notre vie avec notre mission. Il n'est jamais trop tard pour se réaliser, pour faire d'autres choix et pour vivre enfin sa vie. Être heureux au travail, c'est essentiel pour se réaliser pleinement !

Il suffit de si peu

Du temps, deux chaises, un environnement calme, de l'écoute et de la compassion... Il suffit de si peu pour changer la vie de quelqu'un !

Nous n'avons pas besoin de faire des pirouettes ni de courir les boutiques pour faire plaisir à quelqu'un. Juste être là pour lui, pour elle, au moment où cette personne en a vraiment besoin.

Parfois un simple sourire à une personne âgée peut faire sa journée ! Parfois, un compliment gentil à une inconnue mettra du soleil dans sa vie.

Nous savons tous que notre vie peut changer en un éclair. Un accident, un deuil, tout peut bousculer notre vie et la changer à tout jamais.

Mais nous pouvons aussi provoquer des changements positifs dans la Vie des autres, simplement en étant là au bon moment, totalement présents, avec la bonne attitude, la seule qui vaille : l'ouverture du cœur.

Qui dit que ce n'est pas ce café que nous consacrerons à écouter une amie qui lui redonnera le goût de continuer à vivre ? Ou peut-être que cette petite attention de réconfort et de soutien redonnera du souffle à une personne au bord de la déprime ?

Ne sous-estimons jamais la portée de nos gestes de compassion envers les autres : une main tendue, un câlin généreux, un geste de tendresse, une parole réconfortante ou une présence silencieuse peut faire toute la différence de la Vie de ceux que nous côtoyons.

Ne retenons pas notre élan intérieur pour offrir ce dont le monde a le plus besoin : de l'Amour, de la compassion, de la tendresse, de la douceur, de l'écoute, de la compréhension, de l'espoir.

Le reste importe peu.

Il suffit de si peu !

L'Amour n'est pas qu'un sentiment

Nous rencontrons toutes sortes d'Amour dans notre vie : de l'Amour maternel, familial, filial. De l'Amour passion, fusionnel, conditionnel. Parfois, grand bonheur, nous rencontrons l'Amour inconditionnel.

Mais l'Amour n'est pas qu'un sentiment. L'Amour, c'est un état d'être. Quand nous laissons l'Amour prendre la première place dans notre vie, quand il trône en haut de la liste de nos valeurs, quand nous en faisons un mode de vie, l'Amour prend tout son sens… et notre vie aussi !

Car si nos paroles, nos décisions, nos gestes, nos silences originent de l'Amour, si nous cherchons à faire le bien, à être aimants, à aimer constamment, alors l'Amour devient un véritable état d'être que nous ne voulons plus quitter.

Dès lors, tout ce qui n'est pas de l'Amour ne nous attire plus. Nous pouvons insuffler de l'Amour à ce qui en manque, le semer autour de nous, le donner à profusion parce que nous en avons aussi pour nous. Nous baignons dans l'Amour.

Bien sûr, il nous est difficile de toujours y rester. Mais plus nous adoptons ce mode de vie, plus nos écarts, nos « sorties » de l'Amour deviennent inconfortables et indésirables. Il nous tarde alors de revenir là où coule notre propre source d'Amour. Et petit à petit, le nombre et la durée de nos écarts diminuent, pour notre plus grand bonheur.

Quand nous comprenons que c'est l'Amour qui nous lie tous, nous comprenons que c'est la seule option pour que la paix et l'harmonie règnent entre nous. Et comme l'Amour se multiplie, plus nous serons nombreux à le propager, plus nous participerons à la création d'un monde meilleur.

Vivre dans l'Amour, ce n'est pas difficile : c'est notre état naturel !

Nous sommes tous des scénaristes !

Plusieurs d'entre nous avons beaucoup de talents pour nous imaginer des scénarios dans notre tête sur ce que l'autre ou les autres peuvent penser ou dire de nous. Nous imaginons ce que nous allons dire à quelqu'un et nous anticipons sa réaction en créant de toutes pièces un scénario la plupart du temps basé sur nos peurs ou sur nos blessures.

Ainsi, nous n'osons pas nous affirmer parce que nous craignons la réaction de l'autre, nous rejouant sans cesse un scénario dans notre tête d'une situation pénible où nous nous sommes affirmés et où l'autre a eu une réaction négative. Cette situation passée, peut-être unique, est devenue notre fausse croyance que tous les autres peuvent réagir comme cette personne du passé si nous nous affirmons.

Nous nous voyons annoncer une nouvelle à notre conjoint et tout de suite le petit hamster dans notre tête se met à tourner pour imaginer les pires scénarios de sa réaction à notre annonce, de notre réaction à la sienne et ainsi de suite, nous construisant un script entier digne d'un film dramatique. Nous projetons ce film sur notre écran mental, y jouant tous les rôles ! Lorsque la rencontre a lieu, nous sommes déjà agressifs parce que nous croyons savoir quelles seront réactions. Ce scénario est devenu notre fausse croyance des réactions de l'autre.

Et pourtant, probablement que rien de tout ça ne se produira comme nous l'avions imaginé. Nous avons fait tout ça pour rien ! En créant ces scénarios, nous les avons déjà vécus en imagination, avec toutes les émotions qui s'y rattachent. Nous y avons perdu de l'énergie, du temps et nous nous sommes sans doute même créé une quantité additionnelle de peur ou d'agressivité, selon le scénario créé.

Ne croyons pas toutes nos pensées ! Elles ne sont souvent pas conformes à la réalité. La plupart d'entre elles sont même fausses !

Donnons-nous au moins la peine de nous créer des pensées de joie, de bonheur, d'Amour, de paix, d'harmonie. Ça demande autant d'énergie, mais les bienfaits qu'on en retire sont tellement plus agréables à vivre !

Soyons plutôt des scénaristes du bonheur !

La souque à la corde

Combien de nos relations ressemblent à une partie de souque à la corde, ce jeu où deux personnes, ou deux équipes, tirent chacune leur bout de la corde jusqu'à faire tomber l'autre équipe ? Comme si, dans nos relations, celui qui tirait le plus fort allait nécessairement gagner la partie !

Plutôt que de chercher une solution, nous cherchons trop souvent à avoir raison. Notre ego cherche à dominer l'autre, à lui prouver que c'est nous qui avons raison, donc l'autre a tort, en tirant de toutes nos forces pour gagner, quitte à créer des dommages collatéraux que nous regretterons sans doute plus tard... ou dans quelques minutes !

Lorsqu'un argument se présente, nombre d'entre nous ne voulons pas perdre la face et opposons nos arguments à ceux de l'autre, jusqu'à une escalade d'argumentations périlleuses, tant pour la relation que pour l'estime personnelle des deux parties en cause. Le ton monte, la tension aussi, et personne ne veut lâcher son bout de corde, comme si notre vie en dépendait. Parfois, nous tenons tellement à ce ridicule bout de corde que nous tirons jusqu'à ce qu'il se brise... Du coup, même si nous cherchons à le réparer, il ne sera jamais plus aussi solide qu'avant.

Nous devrions pourtant savoir que rien ne se règle dans l'argumentation. Si nous laissons l'ego prendre le contrôle de nos discussions, nous risquons de tout perdre à force de vouloir tout gagner.

Avez-vous remarqué que si l'autre veut entreprendre une partie de souque mais que vous ne levez pas votre bout de corde, il n'y aura pas de partie ? Si l'autre veut nous amener sur ce terrain de jeu, nous avons toujours le choix d'embarquer, de prendre la corde et de tirer de toutes nos forces.

Mais nous avons aussi le choix ne pas ramasser l'extrémité de cette corde et nous rebrancher plutôt sur notre cœur, privilégiant davantage la voie de la recherche d'une solution porteuse d'harmonie, de compromis peut-être, mais où rien ne sera brisé et personne ne sera blessé.

Il vient un temps dans notre vie où nous n'avons plus le goût de jouer à ce jeu : le temps où nous avons enfin compris que c'est notre cœur qui doit discuter, pas notre ego.

Victime des autres ou victime de soi ?

Qu'il est donc facile de blâmer les autres pour ce qui nous arrive ! De reprocher ses travers à notre conjoint pour expliquer la mauvaise qualité de notre relation. De jeter le blâme sur les collègues pour justifier un climat de travail négatif. De critiquer le gouvernement pour nos difficultés financières.

Nous pouvons passer toute notre vie à nous plaindre et à blâmer les autres mais rien ne changera !

Rien ne changera tant que nous ne changerons pas !

Nous nous plaignons d'être fatigués à force de vouloir répondre aux attentes des autres et aux obligations de toutes sortes. Mais qui nous demande ça, au juste ? Souvent nous-mêmes, dans notre immense besoin d'être aimés et d'être reconnus comme quelqu'un de fiable, responsable et aimable.

Nous maugréons contre un patron incompétent et des collègues paresseux ou négatifs. Mais qui nous demande de rester là sans rien dire ? Nous-mêmes, parce que l'emploi est assuré, parce que c'est plus facile ainsi, parce qu'on croit ne pas pouvoir changer d'emploi à notre âge, parce que nous n'osons pas parler. Alors nous choisissons de nous empoisonner la vie avec 40 heures de travail insatisfaisant chaque semaine.

Dans notre relation avec notre conjoint, de quel droit croyons-nous avoir toujours raison et l'autre toujours tort ? Nous sommes ici victimes de notre ego qui harnache nos discussions pour ne jamais perdre la face.

Alors ? Sommes-nous victimes des autres ou de nous-mêmes ?

Personne ne peut faire de nous une victime à moins que nous y consentions inconsciemment ! (Sauf évidemment, les cas d'agression violente qui ne sont jamais consenties.)

Si nous croyons être victimes de nous-mêmes, alors il est grand temps d'apprendre à nous aimer pour nous traiter avec Amour, bienveillance, compassion, compréhension et douceur.

Nous ne sommes victimes de personne alors cessons d'être une victime de nous-mêmes ! La victimisation est une remise de notre pouvoir entre les mains de l'autre. Incluant notre ego !

Alors sortons de ce tunnel des emprises. Reprenons la maîtrise de notre vie, de nos choix, de nos décisions, de nos actes et de nos paroles. Nous avons le pouvoir de choisir. Choisissons-nous !

Confiance ou méfiance ?

Certaines personnes ont pour principe de faire confiance aux autres jusqu'à ce qu'elles soient déçues peut-être un jour. Elles croient qu'ainsi il est plus facile de mener sa vie.

Pour d'autres, c'est la méfiance qui intervient en premier jusqu'à ce que l'autre personne ait acquis leur confiance. Ne voulant pas se faire rouler, ces personnes préfèrent se méfier et laisser l'autre gagner les galons de leur confiance.

Peu importe à quelle catégorie nous appartenons, la question à se poser est : « est-ce que notre manière de faire confiance nous rend heureux ou malheureux ? »

Comme on attire ce à quoi l'on pense, vivre dans la méfiance protège-t-il vraiment de se faire avoir ? Le besoin de se protéger, de ne pas trop s'ouvrir à l'autre, de garder ses distances, d'obliger l'autre à faire la preuve qu'il est digne de confiance ne nous éloigne-t-il pas de l'Amour ? Quand on se ferme pour se protéger, on se ferme aussi à ce qui pourrait arriver de bon, de beau, d'inattendu, de franchement agréable. Il est possible aussi que des personnes fort intéressantes et dignes de confiance n'ait pas de temps à perdre à vouloir établir la véracité de leur dignité de confiance et passent simplement leur chemin, pour aller vers celles qui font plus facilement confiance. Se méfier systématiquement de tous devient épuisant et limite les belles expériences que la Vie place sur notre chemin.

Peut-être qu'en faisant confiance trop facilement, il nous arrive de nous faire avoir parfois. Mais nous vivons davantage dans la légèreté et l'ouverture aux autres. Nous avançons le cœur ouvert aux gens, aux expériences, aux surprises, aux cadeaux de la Vie. Et rien ne nous empêche d'écouter notre petite voix lorsqu'il semble y avoir anguille sous roche avec certaines personnes.

À nous de faire le choix qui nous rend le plus heureux !

Peut-être vaut-il mieux vivre dans la confiance et être parfois déçus que de vivre dans la méfiance et d'être tout le temps malheureux.

Une chose est sûre : on voyage plus léger quand on a le cœur ouvert !

Bébé gâté !

Notre ego est un souvent enfant mal élevé, gâté, sans limites, capricieux. Il fait des crises quand il n'a pas ce qu'il veut. Il boude quand on le semonce, il crie quand on ne lui laisse pas de place et il veut toujours avoir le dernier mot.

Il est insécure quand l'environnement ou la routine change et refuse souvent de s'y adapter. Il sabote nos projets pour sortir de notre zone de confort car il s'identifie totalement à cette zone de confort. Il a peur quand on l'ignore car il a un insatiable besoin d'être aimé, approuvé, vu et entendu.

C'est un bébé gâté qui a constamment besoin d'être rassuré. Mais c'est nous qui sommes ses parents, alors c'est à nous de le rassurer. Il nous revient aussi de l'élever, de lui enseigner la patience, le respect, la confiance en soi, le partage, l'écoute. De l'aimer, mais de le garder sous contrôle !

Si nous ne l'éduquons pas, il deviendra un délinquant qui prendra toute la place dans notre vie et nous serons soumis à ses moindres caprices. Nous ne pouvons pas nous en débarrasser puisque c'est notre création. Nous devons donc lui enseigner les règles de la bienséance et de la bienveillance.

Souvent, nous devons lui ordonner de se taire pour que notre cœur puisse mieux nous guider. Ensuite, l'ego pourra nous aider à mettre en place les outils pour atteindre nos objectifs, réaliser nos rêves, faire les actions nécessaires que notre intuition nous aura proposées.

Mais toujours, nous devons nous rappeler que c'est nous l'adulte et que c'est à nous, à notre cœur, parfois en collaboration avec l'ego de prendre les meilleures décisions pour notre vie.

Éduquons notre ego pour pouvoir vivre plus librement et être plus heureux !

Chaque jour

Si nous trouvons que notre Vie ne va nulle part, que nous ne sommes pas heureux en ce moment, que nous sommes dans une mauvaise passe ou que nous cherchons un sens à ce que nous faisons, nous pourrions appliquer la technique du « Chaque jour » (ou du sucre à la crème !) ! Car si nous ne changeons rien, rien ne changera ! Ainsi, chaque jour, nous pourrions ouvrir davantage notre cœur en posant ces simples petits gestes au moins une fois par jour :

- Se réveiller en ayant de la gratitude pour la journée à venir
- Accueillir la journée avec ouverture
- Se dire « je t'aime » à soi-même en se croisant devant le miroir
- Entretenir des pensées positives et chasser les négatives
- Se féliciter chaque fois que l'on réussit ce changement de pensées
- Sourire aux gens que nous rencontrons dans le cours de la journée
- Se rappeler que tout est parfait
- Aider quelqu'un au moins une fois par jour
- Parler à un inconnu
- Faire de l'exercice et manger sainement pour aimer mieux notre corps
- Choisir l'Amour plutôt que la peur dans nos décisions et nos discussions
- S'affirmer sans écraser ni s'écraser
- Dire un compliment à au moins une personne
- Rire, chanter ou danser
- Faire quelque chose de bon juste pour soi
- Faire preuve de compassion, envers les autres et envers soi
- Se préserver des moments de silence et de calme
- Faire de son mieux
- Se ramener constamment au moment présent
- Envoyer de l'Amour à ceux qui nous entourent ou qui nous irritent
- Faire une petite surprise à une personne, juste pour faire plaisir
- Rester calme dans les situations plus difficiles
- Dominer notre ego, le rassurer
- Dire à quelqu'un qu'on l'aime
- Se délester de tout ce qui nous nuit tout au long de la journée
- À la fin de la journée, se pardonner et pardonner aux autres de ce qui pourrait avoir été un irritant dans notre journée afin de ne pas le traîner

- Rendre grâce pour la journée avant d'aller au lit

Ce n'est pas si compliqué changer notre quotidien. De simples petits gestes faits dans l'Amour et la conscience en attirent d'autres et finissent par véritablement changer notre vie ! Ensemble, nous pouvons créer un grand mouvement d'Amour, simplement en changeant notre manière de penser et de fonctionner.

Pour citer l'un de nos grands auteurs Québécois, Félix Leclerc : « Le bonheur, c'est comme du sucre à la crème : quand tu en veux, tu en fais ! »

Nous sommes responsables de notre bonheur !

L'une des attitudes à adopter pour vivre plus heureux est d'assumer ses responsabilités.

Bien sûr, il y a les responsabilités sociales, familiales, profession-nelles, communautaires. Mais ici, il est plutôt question de responsabilités personnelles.

Être responsable de soi, c'est assumer pleinement ce que nous sommes. C'est nous tenir debout quelle que soit la situation, mais cela ne signifie pas être rigide ! S'assumer, c'est se respecter mais respecter l'autre aussi.

C'est tirer profit des événements de notre vie, puisque, s'ils sont dans notre vie, c'est pour nous enseigner quelque chose. C'est prendre pour soi les leçons qui s'en dégagent et refuser de blâmer l'autre pour ce que nous vivons.

C'est respecter nos promesses, celles faites aux autres mais aussi les engagements que nous prenons vis-à-vis nous-mêmes.

C'est refuser de blâmer le gouvernement, les autres, le patron, la société, notre passé, car nous savons profondément que nous vivons en ce moment exactement ce dont nous avons besoin pour évoluer. Nous avons attiré ces situations à nous, il nous revient donc de nous assumer face à celles-ci. Si nous avons changé d'idée, nous sommes responsables de faire maintenant de nouveaux choix qui correspondent mieux à ce que nous sommes aujourd'hui. Si nous faisons une erreur, nous assumons qu'elle fait partie de notre expérience et nous en irons profit.

Assumer sa responsabilité personnelle, c'est comprendre que nous seuls sommes responsables de nos réactions, de nos pensées, de nos émotions, de nos choix, de nos besoins, de nos goûts, de nos attitudes, de nos croyances, de nos scénarios, de nos relations, de notre humeur, de pratiquement tout ce qui nous concerne.

Nous tenons le bonheur dans nos mains, mais nous l'oublions tellement souvent que nous laissons cette responsabilité à d'autres. Et nous sommes alors souvent déçus.

À partir du moment où nous comprenons où se trouve notre responsabilité face à nous-mêmes, nous découvrons aussi que nous seuls sommes responsables de notre bonheur.

Alors il n'en tient qu'à nous d'y croire, d'éliminer les obstacles et de créer toutes les conditions favorables pour le vivre le plus pleinement possible. Car notre bonheur dépend de nous, quoi qu'on en dise.

Les résistances

Bien que nous sachions que ce soit utopique, nous souhaitons tous vivre une vie heureuse, sans problèmes et sans souffrances. Pourtant, c'est souvent nous-mêmes qui alimentons inconsciemment certaines des souffrances que nous éprouvons. Nous ne le faisons pas intentionnellement, bien sûr, mais nous sommes trop souvent esclaves de nos émotions comme la résistance, la colère, la haine, la rancune, la jalousie, la peur, le jugement, la fermeture, et les autres interprétations erronées que l'on se fait à propos des gens et des événements.

En fait, c'est souvent notre résistance à accepter la réalité qui crée notre souffrance. Notre résistance équivaut à tenter de pousser un mur à mains nues en espérant qu'il se déplace !

Ainsi, face à cette prémisse, nous avons parfois envie de répondre que notre cas est pire, que ce n'est pas nous qui nous faisons souffrir, que l'enfer c'est les autres, que personne ne nous comprend...

On résiste de toutes nos forces à ce qui nous fait mal, à ce qui nous dérange. On juge, on critique, on refuse d'accepter les aléas de la vie s'ils sont contraires à nos attentes. Pourtant, on s'épargnerait bien des souffrances si on acceptait dès maintenant le fait que tout ce qu'on désire n'est pas nécessairement fait pour nous et que tout ce qui nous arrive est précisément ce dont nous avons besoin !

Nous croyons faussement qu'une vie heureuse est une vie sans problèmes et sans souffrances. Et pourtant, ceux-ci font partie de la Vie au même titre que la joie et les petits bonheurs : les uns ne vont pas sans les autres. Alors pourquoi résister de toutes nos forces face aux événements qui surviennent ? La Vie est une suite de joies et de peines. C'est déprimant ? Non, c'est la réalité ! Plus tôt dans la vie nous acceptons ce fait, plus tôt nous devenons sereins face aux événements de la Vie.

Notre force se développe en faisant face aux évènements difficiles, aux résistances, aux déceptions ; elle nous indique aussi quel sera notre niveau de bonheur dans la vie.

Rien ne dure de manière permanente. Tout passe. Alors, apprécions les joies, apprenons des difficultés. Construisons ainsi notre bonheur.

Le Bonheur n'arrive pas un jour soudainement dans notre vie : il se construit chaque instant par nos pensées et nos réactions.

Accepter ce qui est, composer avec la réalité, la modifier lorsque c'est possible, changer soi-même pour être plus heureux, c'est ça le secret du bonheur !

Le test

Nous sommes aussi libres que nous sommes authentiques. Nous sommes heureux à la hauteur du pardon que l'on accorde. Nous sommes aussi grands que ce que notre cœur peut contenir d'Amour.

Être libres implique que nous avons fait la paix avec tout ce qui nous a blessé, toutes les blessures que nous avons causées à autrui et toutes celles que nous nous sommes faites.

Être authentiques implique de nous tenir debout pour exprimer notre vérité, tout en assumant que chacun a la sienne et que la nôtre n'est ni meilleure ni pire.

Être dans l'Amour implique de ne pas juger car ces deux sentiments s'excluent mutuellement. Nous ne savons rien de l'autre alors avant de juger, assurons-nous que nous sommes parfaitement purs.

Nous avons tous le jugement facile, l'insulte au bord des lèvres, la susceptibilité à fleur de peau. Est-ce que cela nous rend heureux ? Non. Alors pouvons-nous choisir d'aimer plutôt que de juger, de dire des paroles aimantes plutôt que d'insulter, ou alors de nous taire, et de respirer avant de réagir comme si notre vie en dépendait ?

Nous sommes tous imparfaits. Et pourtant nous sommes tous parfaits dans cette imperfection. Nous n'avons qu'à nous détacher des pensées qui nous rendent malheureux afin de nous mettre à construire quelque chose de mieux, qui favorise notre bonheur plutôt que notre colère.

Nous avons chacun notre vérité. Même si celle de l'autre nous heurte, c'est la sienne, pas la nôtre. Elle lui appartient comme la nôtre nous appartient. Si ce que l'autre fait nous dérange, nous pouvons le dire avec respect ou quitter.

Nous, les humains, quand avons-nous laissé la haine envahir notre cœur au point d'oublier que nous sommes tous porteurs d'Amour et de lumière ?

Chaque moment de notre vie, chaque jour, il nous est demandé, plus que jamais, de choisir entre l'Amour et la haine. La Vie nous teste. Obtiendrons-nous la note de passage ?

Prêter des intentions

De tous les travers que nous pouvons porter, celui de prêter des intentions à l'autre est sans doute celui qui suscite le plus de conflits relationnels et dans le monde. Prêter des intentions, c'est accuser l'autre de fautes qu'il n'a pas commises ! Nous nous positionnons en juge et l'autre est l'accusé. Et faussement la plupart du temps !

À partir du moment où nous prêtons des intentions à l'autre, nous coupons toute forme de communication possible. Nous le jugeons coupable de quelque chose que nous imaginons ! Nous appliquons la loi du tout ou rien, sans nuances et sans discernement. Surtout, sans Amour.

Nous croyons savoir mieux que lui ce qu'il pense, ressent, a fait ou fera. Nous nous créons de toutes pièces des scénarios, autrement risibles si ce n'était de la gravité des résultats désastreux qu'ils occasionnent.

Nous imaginons des faits, des intentions, des gestes, des paroles à partir de nos peurs et de nos blessures, jamais à partir de la réalité, de ce qui est, ici, maintenant.

Nous nions ainsi l'autre, le mettant en position presqu'obligatoire d'avoir à se justifier constamment pour être bien compris. Nous créons ainsi une polarisation des rôles : attaque et défensive. Il n'y a que dans les sports que cette stratégie fonctionne, pas dans la vie.

Chaque fois que nous prêtons des intentions à l'autre, quel qu'il soit, nous faisons preuve de mauvaise foi et interprétons la réalité à partir de nos propres blessures, sans donner une chance à l'autre d'être lui-même. Nous devenons un peu son bourreau et le plaçons en position coupable, sans égard à ses ressentis et à sa réalité.

C'est un jeu qu'il nous faut abandonner dès maintenant parce qu'il nous est nuisible. Non seulement ne sert-il à rien, mais il complexifie inutilement toutes nos relations. Il crée des conflits qui autrement n'auraient pas existé. En prêtant des intentions, nous mettons les bases de conflits interminables. Imaginons si l'autre répondait en faisant de même : nous serions pris dans une souricière dont nous ne pourrons jamais sortir indemnes.

Alors avant de prêter des intentions, demandons plutôt à l'autre ce qu'il veut dire et écoutons-le. Vraiment, écoutons-le. Ainsi nous ne pouvons que faire des gagnants de part et d'autre dans nos relations interpersonnelles et internationales. Et nous constaterons que les intentions que nous avions envie de prêter sont fausses la plupart du temps.

Tout a sa raison d'être

L'une des choses les plus difficiles à concevoir pour l'esprit humain est que tout a sa raison d'être dans le grand plan céleste, universel.

Nous ne comprenons pas toujours pourquoi certains événements ont lieu, que ce soit dans notre vie ou dans le monde, mais quelque chose de plus grand que nous orchestre la Vie afin que nous finissions par évoluer.

Si nous repensons aux événements antérieurs de notre vie personnelle, ceux que l'on croyait catastrophiques, ils nous ont souvent permis de faire des apprentissages essentiels pour nous, nous permettant d'accéder à un niveau de conscience jusque-là inconnu.

Tout est à sa place dans le grand plan divin. Malheureusement, notre résistance à nous ouvrir à la Vie et à lui faire confiance provoque parfois le chaos dans notre vie.

Il n'en tient qu'à nous de faire en sorte que nous arrivions à apprendre autrement que dans la souffrance, en tirant profit des petites choses du quotidien. Rien n'est inutile, alors tout est utile !

Soyons comme l'enfant qui découvre sans cesse le monde autour de lui et qui est avide d'apprendre. Ouvrons-nous à ce qui nous entoure et apprenons ce que la Vie tente de nous enseigner. Plus tôt et plus vite nous apprendrons, moins douloureuses seront les leçons.

La vie est fluide et généreuse

Plusieurs personnes ont souvent l'impression que la Vie est difficile, qu'il faut ramer fort constamment, que les épreuves et les difficultés se succèdent et que les moments de joie et de bonheur sont rares. Elles ont l'impression que seules quelques personnes semblent avoir droit au bonheur.

Et pourtant, la Vie offre la même quantité de générosité à tous, que nous soyons jeunes ou vieux, riches ou pauvres. Seules notre disposition d'esprit et notre ouverture du cœur déterminent la quantité d'abondance et le niveau de fluidité que nous laisserons entrer dans notre vie.

La Vie est aussi fluide pour nous que nous sommes ouverts à elle. Et nous recevons toujours en juste proportion de ce que nous croyons mériter et de l'estime que nous avons de nous-mêmes. Jamais plus, jamais moins.

Plus nous sommes ouverts à voir les beautés de la Vie, à déceler les cadeaux dans les moindres synchronicités, à accueillir l'aide des autres sans dire « non merci, ça va aller », plus nous nous ouvrons à la Vie elle-même et plus la Vie peut circuler librement à travers nous et autour de nous, nous inondant ainsi de ses bienfaits, de ses cadeaux, de ses surprises et de ses leçons. Danser avec la Vie, c'est avancer sur le même tempo qu'elle, appréciant chaque seconde et chaque mouvement de ce temps partagé avec la lumière. C'est accueillir avec gratitude tout ce qui est placé sur notre chemin pour nous faire évoluer.

Car nous seuls pouvons déterminer quelle quantité de bonheur et de fluidité nous laissons entrer dans notre vie, peu importe ce que nous vivons. Si nous cherchons à voir toutes les générosités de la Vie, nous les trouverons constamment disséminées partout autour de nous, sous toutes sortes de formes.

Pour être heureux, il s'agit de faire un avec ce qui est, en tout, dans un mouvement fluide et simple, tout imprégné d'Amour.

Car oui, la Vie est fluide et généreuse. Avec tout le monde. Le voyez-vous ?

Apprendre

L'être humain a la remarquable faculté de pouvoir apprendre toute sa vie, de sa naissance jusqu'à la fin de ses jours. Nul n'est assez évolué pour prétendre tout savoir. Même les êtres que nous admirons tant et que nous considérons comme des maîtres ont des choses à apprendre toute leur vie durant.

Certaines personnes ne voient que le caractère pénible de l'apprentissage, probablement influencées par leur ego qui prétend toujours tout savoir. Pourtant, apprendre constitue l'une des grandes joies de notre vie. D'abord, parce que cela signifie que nous sommes toujours vivants et conscients, et surtout parce que nous devenons chaque fois une meilleure version de nous-mêmes.

Toute notre vie, nous en apprenons davantage sur la Vie, sur le comportement humain et aussi, surtout, sur nous-mêmes. Nous nous découvrirons jusqu'au dernier jour. Alors même que nous croyons bien nous connaître, surviennent des évènements qui nous font découvrir d'autres aspects de nous que nous ignorions jusque-là.

La Vie nous envoie constamment des occasions d'apprentissage, d'évolution, de connaissance de soi. Chaque fois qu'une nouvelle compréhension nous est offerte, nous franchissons un pas de plus vers la connaissance profonde de nous-mêmes.

Et si nous pouvons mettre un tant soit peu notre ego de côté, nous pourrons apprécier le bonheur qu'il y a à se découvrir soi-même, dans l'adversité comme dans la simplicité, dans les difficultés comme dans les occasions faciles de grandir.

Tout ce que les autres nous permettent de vivre avec eux sont des occasions d'évoluer avec eux et en nous. Et pour tous ces merveilleux apprentissages, que nous les fassions dans la joie si nous n'y résistons pas, ou dans la douleur si nous les refusons de prime abord, tous ces apprentissages donc sont de fabuleuses opportunités de nous dépasser et de devenir une meilleure personne.

En cela, et face à cela, toute la gratitude que nous portons envahit chaque cellule de notre corps envers cette merveilleuse magie : soyons reconnaissants aux autres et à la Vie de nous offrir à chaque instant la possibilité de devenir meilleurs !

Notre seul but

Quelle que soit notre religion, quelle que soit notre allégeance politique, quelle que soit notre nationalité, peu importent nos croyances, nos convictions, nos objectifs, nos peurs, une seule chose nous unit tous, une seule source d'énergie nous rassemble : l'Amour.

L'Amour sous toutes ses formes : l'amitié, la relation Amoureuse, la bonté, la générosité, l'accueil, l'ouverture, la compassion, le pardon, l'écoute, l'empathie, la bienveillance, l'aide, le soutien, les petites attentions, le non-jugement... ; l'espace pour aimer est toujours plus grand que tout.

Parfois nous oublions que c'est l'Amour qui nous unit tous. Mais la Vie, dans ses grands mouvements d'âme, se plaît à nous le rappeler de mille et une façons, pour que nous revenions toujours à cette leçon de base, la seule et unique qui compte vraiment.

Peut-être un jour finirons-nous tous par comprendre qu'au-delà de l'Amour, rien d'autre ne compte. Que seul l'Amour peut guérir, prendre soin, réconforter, procurer de la joie et favoriser le bonheur.

Quand nous cesserons de commenter les actes des autres, que nous n'aurons plus envie de juger ce qui est différent de nous, que nous n'aurons plus peur de ce que nous ne connaissons pas, que nous ferons confiance à ce que nous ne maîtrisons pas, que nous accueillerons ce que nous ne comprenons pas, ce jour-là, nous aurons véritablement compris ce que nous sommes venus faire sur terre.

Car le seul et ultime but que nous poursuivons tous ici sur terre, c'est d'apprendre à mieux aimer. Le reste, c'est pour nourrir notre ego !

Nos constructions mentales

Nous sommes tous des scénaristes d'Hollywood en puissance ! Nous développons très tôt dans la vie des mécanismes de réactions aux événements que nous vivons et nous en faisons presque des automatismes.

Ainsi, face à un certain stimulus, nous aurons tendance à toujours réagir de la même manière. Par exemple, face à une personne en retard et que nous attendons, il est possible que l'on ait décidé tôt dans la vie qu'il s'agissait de manque de respect envers nous, d'un manque de savoir-vivre, d'une attitude nonchalante ou d'autres jugements de cette nature. Nos automatismes déclenchent alors à tout coup le même type de réaction face au même événement : de la colère, de la frustration, du mépris ou d'autres réactions de même type.

Nous avons érigé ces constructions mentales pour presque tous les évènements que nous avons vécus. Ils sont souvent tellement ancrés en nous que nous oublions que nous les portons, nous oublions que nous pourrions réagir « autrement » si ce n'était de ces rigidités mentales que nous avons construites de toutes pièces avec notre ego.

Mais aujourd'hui, nous sommes plus conscients : nous pouvons donc revoir nos réactions automatiques pour tous les types d'événements que nous avons catalogués dans notre esprit. Ainsi, peut-être la personne en retard a-t-elle eu un malaise, un accident, ou autre chose qui, si nous en avons l'ouverture d'esprit, viendra nous permettre d'avoir une autre réaction, d'adopter une autre attitude.

Nous aurions ainsi intérêt à réévaluer toutes nos réactions colériques, impulsives, négatives. Elles nous procurent rarement du bien-être ni même du soulagement : elles nous rendent malheureux, l'espace de leur présence, qui parfois s'éternise.

La prochaine fois que nous aurons envie de réagir promptement comme d'habitude, arrêtons-nous et prenons le temps de mettre un peu plus d'Amour dans l'évaluation de la situation. Exerçons notre mental à réagir autrement. Tentons d'y voir tous les scénarios possibles : nous verrons bien vite que rien n'est jamais aussi catastrophique qu'il n'y paraît.

Parce que justement, c'est la Vie qui nous fait signe à travers ces événements qui semblent nous perturber. Elle vérifie si nous avons enfin appris à mieux aimer, plutôt qu'à réagir sans réfléchir !

Créer de l'espace

Nous souhaitons toutes sortes de choses dans notre vie : avoir plus d'amis, plus d'Amour, plus d'argent. Nous souhaitons une vie active et remplie de rencontres enrichissantes ou nous aspirons à une vie calme et sereine. Nous voulons trouver la maison de nos rêves ou vendre la nôtre, trouver l'emploi qui nous permettra de nous épanouir ou ralentir notre vitesse quotidienne.

Nous demandons que nos rêves se réalisent, nous prions pour que nos requêtes soient entendues et nous nous étonnons souvent du temps requis pour obtenir une réponse. Parfois les choses ne débloquent tout simplement pas. Nous n'arrivons pas toujours à comprendre pourquoi rien ne se passe comme nous le voudrions.

Nous voulons beaucoup de choses mais pourtant, nous avons peine à nous départir de ce qui ne nous sert plus. Nous restons encombrés de relations stériles, d'objets inutiles, d'habitudes nuisibles, de discours négatifs.

Nous ne voyons pas que pour obtenir ce que nous voulons, nous devons aussi créer l'espace nécessaire pour que nos souhaits aient toute la place dont ils ont besoin pour se réaliser.

Alors que nous restons encombrés, matériellement ou mentalement, de choses qui ne nous servent plus ou pire, qui nous nuisent, nous ne pouvons rien accueillir de nouveau tant que nous n'aurons pas fait le ménage de notre environnement extérieur et intérieur.

Pour que tout changement s'opère dans notre vie, nous devons d'abord être ce changement. Nous devons créer la place nécessaire pour accueillir le nouveau, le meilleur. Nous devons renoncer à ce qui ne sert plus notre évolution et nous devons nous départir du superflu.

Car rien de nouveau ne peut entrer tant que l'ancien n'est pas sorti.

Les enseignants déguisés !

Nous rencontrons toutes sortes de personnalités au cours de notre vie. Des gens avec qui nous connectons instantanément, d'autres qui nous laissent indifférents. Certaines amitiés naissent comment un coup de foudre, d'autres demandent d'être apprivoisées.

Parfois notre route croise aussi celle de personnes qui nous semblaient compatibles au prime abord mais qui, avec le temps, deviennent des relations avec qui il est difficile de s'entendre. Il arrive même que nous ayons dans notre vie des gens qui représentent constamment un défi, à chaque rencontre avec eux.

En effet, certains semblent avoir le don de nous faire sortir de nos gonds ou de venir nous chercher dans nos derniers retranchements, éveillant en nous ce qu'il y a de moins beau. Nous n'arrivons pas à créer une relation harmonieuse avec eux et nous nous montrons sous notre plus mauvais jour en leur présence. Nous nous surprenons même parfois à détester ces personnes, à devenir irrités juste à y penser.

Et pourtant, nous devrions être reconnaissants envers ces enseignants déguisés, puisqu'ils viennent justement réveiller en nous ce que nous avons besoin de guérir, d'améliorer, d'assouplir. Ils remplissent leur rôle d'éveilleurs de conscience à leur manière, parce que nous avons besoin de ce genre de défis pour devenir une meilleure personne et surtout, pour apprendre à mieux aimer.

Car c'est facile d'aimer quelqu'un d'aimable, de généreux, de gentil. Mais c'est autrement plus difficile d'aimer quelqu'un qui nous met en colère, constamment. Et c'est là que réside le vrai défi : accepter ce que l'autre vient nous enseigner, même à son insu, et l'aimer, malgré la difficulté à le faire.

Ainsi, les personnes les plus difficiles dans notre vie sont souvent nos plus grands enseignants. C'est avec quelqu'un de rebelle que nous apprenons à lâcher prise ; c'est avec quelqu'un de froid que nous apprenons à devenir indépendants ; c'est avec quelqu'un de dominant que nous apprenons à prendre notre place, et ainsi de suite.

Soyons donc reconnaissants à ces enseignants déguisés qui traversent notre route : grâce à eux, nous apprenons à aimer mieux !

Quand ne rien faire est la meilleure chose à faire !

La Vie nous envoie constamment des messages, des tests, des expériences pour nous permettre d'évoluer, de grandir, d'apprendre à mieux aimer. Malgré les preuves, ou plutôt grâce à elles, nous sortons grandis de nos années de croissance et de nos passages à vide.

Beaucoup d'entre nous avons le désir d'aider notre prochain, de l'accompagner dans son évolution, de lui éviter de souffrir, de le sortir de ses impasses. Pleins de bonne volonté, nous prodiguons alors de nombreux conseils. Mais savons-nous vraiment ce que l'autre doit faire pour se sortir de ses situations difficiles ?

Non seulement nous ne le savons pas, mais souvent, notre besoin de contrôler est à la base de notre besoin d'aider, tout particulièrement lorsqu'il s'agit des personnes que nous aimons le plus. Ainsi, nous argumentons avec nos enfants, notre conjoint, notre meilleur ami pour ne pas qu'il prenne ce que nous considérons comme LA mauvaise décision. Combien de conflits avec ceux que nous aimons naissent de ce genre de discussions où nous croyons savoir mieux que l'autre ce qu'il doit faire, comment et quand il doit le faire et quelle décision est la meilleure pour lui ?

Pourtant, nous ne connaissons pas les besoins de son âme pour se renforcer et expérimenter ce qu'elle doit vivre dans ce monde pour évoluer à sa pleine conscience. Chaque fois que nous tentons d'imposer notre volonté à l'autre, nous l'empêchons de vivre ce qu'il doit vivre pour guérir de ses blessures ou apprendre une nouvelle leçon. C'est comme si nous voulions aller à l'école à sa place, alors que nous n'étudions probablement même pas la même chose !

La plupart du temps, le mieux que nous ayons à faire pour aider ceux qu'on aime, est de ne rien faire.... Ne rien faire d'autre que de les aimer, les écouter, les accompagner, les rassurer sur notre présence bienveillante sans intervenir, sauf si sa vie est vraiment en jeu.

C'est souvent difficile de voir souffrir ceux qu'on aime et pourtant, nous ne pouvons pas éviter que l'autre souffre si c'est ce dont il a besoin pour grandir. Mais nous pouvons l'aimer encore plus fort et lui envoyer constamment plus d'Amour afin que son âme se nourrisse de notre Amour pour devenir plus forte devant l'épreuve.

Ne rien faire est parfois la plus belle preuve d'Amour qui soit !

Car cela signifie que nous faisons confiance à la sagesse divine que l'autre porte en lui et à ses capacités personnelles de voir lui-même la lumière au bout du tunnel. C'est aussi ça, aimer inconditionnellement...

Nos frontières

Tous les pays ont des frontières. Certaines sont plus perméables que d'autres, mais dans la plupart des cas, nous devons montrer patte blanche pour pouvoir franchir les frontières d'un autre pays.

Ainsi en est-il de nos propres frontières personnelles. Connaissons-nous nos limites ? Sommes-nous capables de les faire respecter ? Qui s'occupe de garder nos frontières intactes et de déterminer qui peut entrer dans notre vie et qui ne le peut pas ?

Si notre estime de nous-mêmes est plutôt faible, nous aurons probablement du mal nous-mêmes à déterminer où sont nos frontières, ce que nous acceptons dans notre vie et ce dont nous ne voulons pas.

Parfois, pour certaines personnes, on dirait qu'il n'y a pas de douaniers et que n'importe qui peut entrer dans leur vie. Pour d'autres, les douaniers font office de barrières étanches et rares sont les personnes qui peuvent entrer dans ce pays personnel.

Plus nous nous aimons, plus nous sommes capables de délimiter clairement nos frontières. Cela signifie qu'il y a des limites à ne pas franchir par respect pour nous-mêmes et que ce n'est pas n'importe qui qui peut faire partie de notre pays, de notre vie privée. Les bons citoyens sont admis, alors que les indésirables, pour nous, sont laissés au-delà des frontières que nous avons fixées.

Il ne s'agit pas de rejeter ici qui que ce soit : il s'agit de NOUS choisir, de déterminer qui composera notre population et qui restera en dehors de nos liens privilégiés. Il ne s'agit pas de division, mais de respect de soi.

Cela s'appelle protéger son territoire personnel, tout simplement. Déterminer nos frontières, c'est aussi se respecter dans ce que nous sommes, où nous sommes rendus et ce que nous souhaitons vivre.

Plus nos frontières seront claires et plus il nous sera facile de les faire respecter. C'est l'une des bases fondamentales de l'estime de soi !

Savoir être

Tout au long de notre vie, on nous enseigne le savoir-faire : comment lire, compter, développer de nouvelles aptitudes, apprendre une profession, en faire une carrière.

On étudie pour développer notre « savoir » : on emmagasine un grand nombre de connaissances, d'explications savantes, des théories complexes, de modalités et de processus intégrés, reliés, différenciés.

Mais on nous apprend rarement le véritable savoir « être ». Bien sûr, certaines écoles enseignent encore comment se comporter en société, la politesse, les notions de civisme et de bienséance.

Mais qu'en est-il de notre véritable savoir « être » ?

Comment réagir à ce qui nous arrive ? Comment tirer le meilleur de toute situation difficile ? Comment nos pensées dirigent-elles notre vie ? Comment faire taire notre ego ? Comment apprendre à s'aimer ? À aimer les autres ? Comment réagir face à l'innommable ? Comment être dans le moment présent ?

Nous devons nous-mêmes découvrir comment « être » dans toutes ces situations. Nous apprenons souvent dans l'alternance de découvertes et de souffrances, dans les phases de contraction et d'expansion, bousculés entre le désir d'avancer et le besoin de se sentir en sécurité.

C'est la Vie qui nous enseigne comment être. Tant que nous n'avons pas appris la bonne façon, nous souffrons !

Dès que nous souffrons, c'est un signe indéniable qu'il y a quelque chose en nous que nous devons changer pour mieux faire face à ce que nous vivons dans le moment présent.

L'université de la Vie, c'est chaque jour que nous le vivons. C'est notre choix d'apprendre rapidement ou de répéter les mêmes errements. Dans sa patience infinie, la Vie nous revient avec la même leçon, inlassablement, présentée sous d'autres formes, afin que nous ajustions notre savoir-être pour enfin savoir aimer. Il n'en tient qu'à nous de nous ouvrir à l'apprentissage et de laisser aller nos résistances afin que la souffrance s'estompe.

Apprendre à être, c'est aussi apprendre à aimer. C'est tout simple. Même si cela nous paraît si difficile parfois !

Quand quelque chose ne se règle pas

Souvent lorsque nous avons pris une décision de faire un grand changement dans notre vie, c'est après un long processus de réflexion, d'analyse et d'écoute de son cœur.

Ainsi, si nous décidons de vendre notre maison, de changer d'emploi, de quitter notre conjoint, comme ce sont des décisions importantes, le processus est parfois tellement long, qu'une fois la décision prise, nous voudrions que le changement soit instantané !

Ce que nous tolérions peut-être fois depuis longtemps, maintenant que notre décision est prise, nous ne pouvons souvent plus l'endurer. Et c'est alors que nous nous mettons à détester notre emploi à force d'en vouloir un autre ; que nous n'aimons plus notre maison, trop dans l'expectative d'un nouveau chez-soi ; que les traits de caractère de notre conjoint nous irritent au plus haut point.

Plus le temps passe, plus ce que nous percevons comme des irritants semblent empirer. Et plus c'est long avant de trouver notre prochain emploi, plus les visiteurs se font rares pour notre maison, plus ça prend du temps à notre conjoint à régler sa partie de la situation. Et on ne comprend pas pourquoi les choses ne se règlent pas plus vite, maintenant que nous sommes prêts.

Et c'est là le défi : continuer à aimer, même si nous savons que nous allons ailleurs. Continuer à aimer notre emploi, pour finir d'y apporter sereinement ce que nous avions à y contribuer, avant de passer à l'emploi suivant. Continuer à aimer notre maison, pour l'offrir avec Amour au prochain acheteur afin qu'il s'y sente bien en y entrant. Continuer d'aimer notre conjoint, même si nous ne sommes plus en Amour, parce que nous avons partagé jadis de merveilleux moments ensemble et qu'aucun être humain ne mérite d'être haï seulement parce que la relation Amoureuse se termine.

Si nous arrivons à insuffler de l'Amour dans ce que nous voulons quitter, la séparation se fera plus en douceur, davantage dans le respect, plus facilement et souvent plus rapidement. En effet, les choses se règlent souvent plus rapidement quand nous sommes complètement en paix avec celles-ci. Ne créons pas de disharmonie pour justifier notre décision : au contraire, maintenons l'harmonie justement pour appuyer notre décision ! C'est toute la différence entre être mal et être bien !

Mettre de l'Amour dans cela même que nous n'aimons plus, c'est la meilleure façon d'être heureux en attendant la prochaine étape de notre vie.

La mauvaise foi

S'il est un trait de caractère du genre humain qui demande plus d'Amour, c'est bien la mauvaise foi de certains !!

Ainsi, certains nous jugent sans même prendre le temps de nous entendre ou de nous connaître. Ou de nous lire au complet !

Parfois, lors de discussions enflammées, certains font preuve d'une mauvaise foi tellement évidente que l'on se croirait dans un film de série B.

La mauvaise foi consiste à nier la réalité, à rejeter d'emblée ce que l'autre dit et à lui proposer quelque chose perdu d'avance, à le traiter avec hauteur, mépris, dédain. Négocier de mauvaise foi, c'est avoir un agenda caché en faisant semblant de trouver un terrain d'entente, une solution gagnant-gagnant alors que nous voulons seulement que l'autre perdre la face.

La mauvaise fois procède du manque flagrant d'estime de soi, de la peur d'être découvert, du syndrome de l'imposteur, de la fausse croyance que nous ne méritons pas mieux. La mauvaise foi est un masque que nous portons comme une armure pour nous défendre et pour attaquer. C'est de la manipulation immature. Souvent, les gens de mauvaise foi sont de grands enfants qui souffrent en silence et qui n'ont trouvé que cette manière pour se différencier de la masse, pour être vus et entendus, pour avoir de l'attention, fusse-t-elle négative.

Transiger avec quelqu'un de mauvaise foi est sans doute l'un de nos plus grands défis. Mais puisque l'autre est toujours notre miroir, nous devons nous demander où sommes-nous de mauvaise foi envers nous-mêmes ? Peut-être nous faisons nous croire que nous pouvons arrêter de boire n'importe quand alors que nous en sommes incapables ? Peut-être faisons-nous semblant d'être heureux dans une relation qui nous détruit ? Peut-être affirmons-nous notre droit au bonheur alors qu'au fond de nous, nous ne croyons pas le mériter ?

La mauvaise foi est un poison qui nous rend malades. Mais nous pouvons aussi nous en servir pour développer l'antidote qui nous en guérira.

Avec courage et lucidité, quand nous trouverons ce qui nous appartient dans ce constat, nous pourrons sans doute réduire de beaucoup le nombre de personnes de mauvaise foi que nous rencontrons dans notre vie.

Car la mauvaise foi, malgré ses aspérités, n'est souvent qu'un appel maladroit à être aimé.

Les abus

Avez-vous l'impression parfois que les autres abusent de vous ? De votre bonté, de votre générosité, de votre temps, de votre argent ?

Si c'est le cas et que cela dure depuis longtemps, il est grandement temps de réévaluer la situation !

Personne ne peut abuser de nous sans que nous y consentions, consciemment ou pas.

La plupart du temps, c'est notre difficulté à nous affirmer clairement et fermement qui permet ce genre de situation indésirable. Notre trop grand besoin d'être aimés y contribue aussi pour beaucoup. Souvent, c'est aussi notre désir d'éviter tout conflit qui pave la voie à des abus de toutes sortes.

Tant que nous ne reprendrons pas le pouvoir sur nous-mêmes, nous attirerons des gens qui abusent de nous. Tant que nous ne mettrons pas nos limites clairement, que nous aurons peur des conflits, que nous craindrons de ne pas être aimés, que nous laisserons le pouvoir aux autres d'abuser de notre bonté, de notre naïveté, nous rencontrerons sur notre chemin des gens qui profiterons allègrement de cette situation.

C'est à NOUS, et à nous seulement, que reviennent la capacité, le droit, le pouvoir et le DEVOIR de faire cesser ces abus de toutes sortes en optant finalement pour un retentissant « NON, c'est assez ! », que nous mettrons fin à ce cercle vicieux que nous traînons comme un boulet depuis des années.

Cessons de nous mentir et de nous mettre la tête dans le sable en croyant qu'en étant justes et bons, les autres n'oseront pas abuser de nous. C'est vrai la plupart du temps mais malheureusement pas pour tous, car certaines personnes y trouveront toujours un avantage à notre détriment.

Dans la construction de notre estime de soi, il nous faut apprendre à déceler le vrai du faux, le bon du moins bon et à relever l'échine pour nous tenir debout, solides, fiers et déterminés à nous respecter, afin de nous faire respecter.

Un jour, il nous faut être convaincus et finalement dire : les abus, c'est assez !

Cœur d'enfant

Quelle tristesse de rencontrer parfois certains adultes blasés de la Vie, indifférents aux merveilles de la nature, insensibles à la magie de la Vie ou stressés par l'approche des célébrations annuelles. Leur cœur d'enfant est enfoui tellement loin en eux qu'ils ont oublié qu'ils en avaient un !

Prenons exemple sur ces tout-petits qui s'émerveillent de tout. Ils ont bien plus à nous apprendre que nous en avons à leur montrer ! Ouvrons notre cœur et notre esprit à toute la féérie du quotidien, malgré sa discrétion parfois !

Que notre cœur s'émerveille encore des synchronicités de la Vie, ces petits miracles qui nous prouvent que nous sommes tous reliés !

Que nos yeux sachent regarder comme pour la toute première fois les beautés de la nature, les décorations dans les rues, les couchers de soleil, les étincelles dans les yeux des enfants, les sourires remplis d'Amour !

Que notre esprit soit ouvert à ce que nous ne comprenons pas, à ce qui nous étonne, aux différences, aux échanges, aux nouveautés, aux changements !

Que notre âme s'illumine des rencontres avec les autres, qu'elle s'embrase de l'Amour qu'elle peut éprouver, diffuser et recevoir, qu'elle donne sans compter et reçoive sans gêne.

Que tout notre être retrouve son élan d'adolescent, celui qui veut changer le monde, le rendre meilleur, l'embellir et l'illuminer de toutes les manières possibles ! Nous savons maintenant que nous pouvons tous contribuer à faire une différence positive dans la vie des autres.

Que la reconnaissance nous anime d'avoir la capacité d'être conscients de tout ce que nous pouvons changer en nous, afin de devenir une meilleure version de nous-mêmes, jour après jour.

Que notre cœur d'enfant ait enfin toute la place pour s'exprimer dans toutes les occasions de notre vie, surtout en cette période où l'enfant en nous a tant besoin que l'on s'occupe de lui.

Ce qui compte

Ce qui compte, ce n'est pas la quantité de cadeaux que nous offrons, mais la qualité de présence que nous offrons, par une écoute attentive et chaleureuse, par un regard compatissant et encourageant, par une main ouverte et généreuse.

Ce qui compte, ce n'est ni la qualité du papier d'emballage, ni la grosseur de la boucle, mais l'intention avec laquelle nous offrons ce que nous avons choisi pour cette personne.

Ce qui compte, ce n'est pas l'attention que nous réussissons à obtenir, mais celle que nous accordons à autrui, à sa joie, à sa souffrance, à ses questionnements.

Ce qui compte, ce n'est pas le nombre d'amis que nous avons, mais la qualité de nos liens d'amitié, la sincérité, la profondeur et l'authenticité qui les caractérisent.

Ce qui compte, ce n'est pas d'avoir le poste le plus haut placé dans l'entreprise, mais d'être le collègue qui suscite l'esprit d'équipe et l'entraide, celui qui se réjouit pour le succès des autres, celui qui se réalise pleinement dans son travail.

Ce qui compte, ce n'est pas d'en faire beaucoup, c'est de faire de son mieux toujours, dans le meilleur intérêt des autres et du nôtre.

Ce qui compte, ce n'est pas ce que nous avons fait, mais ce que nous faisons avec notre cœur, ce que nous donnons sans compter, ce que nous apportons comme contribution pour rendre ce monde meilleur.

Ce qui compte, ce n'est pas d'être populaire, c'est d'être soi, en tout temps, en toutes circonstances, parce que l'authenticité n'est pas un rôle à temps partiel mais un état à temps plein.

Ce qui compte, ce n'est pas d'être en Amour, mais de savoir aimer, toujours mieux, avec le cœur toujours plus grand ouvert, avec le moins d'ego possible. Savoir aimer l'autre, savoir s'aimer soi, savoir aimer tous les autres, quels qu'ils soient.

Ce qui compte, ce n'est pas le compte en banque, c'est le compte en cœur, l'Amour que l'on a pour soi et pour les autres.

Et vous ? Qu'est-ce qui compte pour vous ?

L'inspiration

L'inspiration n'est pas quelque chose que l'on appelle ou que l'on décide : c'est quelque chose qui vient, dès lors qu'on laisse la place à ce qui peut surgir.

Cela signifie qu'il faut mettre notre ego de côté, faire taire nos résistances à ce que nous ne contrôlons pas, lâcher prise justement à ce que nous avons l'habitude de contrôler, et surtout, faire confiance à la Vie.

L'inspiration est un message que nous recevons de quelque chose de plus grand que nous. Combien de fois avons-nous eu une inspiration en même temps que quelqu'un d'autre ? Comme si nous étions tous interconnectés, effectivement.

Pour développer notre inspiration et la laisser s'exprimer partout dans notre vie, nous devons accepter de ne pas contrôler ce qui nous vient spontanément. Nous devons laisser toute la place à ce qui demande à être exprimé, que ce soit par les mots, la peinture, le dessin, le chant ou toute autre forme d'expression.

Nous devons nous mettre au service de la lumière pour laisser passer à travers nous ce que la Vie demande à faire connaître. Parfois, nous avons de la difficulté à suivre le mouvement de nos doigts sur le clavier, que ce soit de l'ordinateur ou du piano, ou à suivre le mouvement de notre main sur la toile blanche ou de notre voix sur une portée vierge, tant le message a hâte de s'exprimer enfin !

Pourtant, en toutes ces occasions, c'est la Vie pure qui demande à s'exprimer à travers nous. Nous devons considérer comme un immense privilège le fait d'accepter son intrusion dans nos vies trop organisées. Car rien n'est plus beau que l'inspiration qui nous vient en des moments parfois inopportuns pour nous, mais toujours à point pour l'Univers.

Tout ce que nous acceptons de laisser passer comme message de la Vie à travers nous est un cadeau divin que nous devons accueillir et transmettre, tout autant que nous le recevons. L'inspiration reçue doit toujours servir à inspirer les autres ! Rien n'est plus précieux que l'inspiration que nous laissons passer à travers nous. Car l'inspiration, c'est la Vie qui exprime ainsi son Amour à toute l'humanité.

Le regard

Il y a souvent dans le regard plus de mots que nous ne pourrons jamais en prononcer !

Notre regard, tout comme le regard de l'autre, dit tout ce que nos paroles ne peuvent exprimer. Parfois, les mots contredisent ce que nous pouvons lire dans le regard de l'autre.

Nous ne sommes vrais qu'avec nos yeux : nos paroles peuvent bien dire tous les mots du monde, ce n'est que ce qui se passe dans nos yeux qui reflète vraiment ce qui se passe dans notre âme.

Peut-être pourrions-nous déferler moins de mots par la bouche et plus de sentiments par le regard ? Nous aurions ainsi une société moins bavarde mais plus intense.

L'authenticité s'exprime dans ce que nous faisons, ce que nous disons, ce que nous sommes et ce que nous émanons. Mais même en nous disant heureux de faire ce que nous sommes en train de faire, notre regard ne ment pas : il indique si ce que nous disons est en accord avec notre âme.

Regarder l'autre dans les yeux sans rien dire est aussi un puissant outil de communication, qui fait monter des émotions plus intenses que tous les mots d'Amour. Apprendre à se regarder est l'un des apprentissages les plus négligés qui soient et pourtant c'est celui par lequel nous pouvons exprimer sans filtre tout ce que nous sommes.

Apprendre à se regarder soi-même dans le miroir, dans les yeux, et se dire que l'on s'aime est aussi l'un des exercices les plus difficiles mais les plus puissants qui soient. Si nous avons le courage de nous regarder dans les yeux, nous y verrons ce que nous sommes vraiment.

Malgré la Vie qui va trop vite, prenons le temps de nous arrêter et de regarder l'autre, de se regarder soi, et de communiquer vraiment sans parler. Pourquoi ne pas nous appliquer à regarder l'autre vraiment dans les yeux, l'écouter vraiment, ressentir ce qu'il exprime par son regard ? Peut-être découvrirons-nous des trésors jusque-là insoupçonnés ?

Car le regard est certes l'un des meilleurs outils de communication authentique qui soit.

Le film de notre vie

Sachant aujourd'hui ce que nous avons vécu depuis notre naissance, qui d'entre nous aurait préféré savoir d'avance ce qui nous attendait ? Est-ce que cela aurait pu changer quelque chose ?

Beaucoup de gens aimeraient connaître leur futur dès aujourd'hui : savoir quand ils trouveront leur emploi idéal ? Quand ils rencontreront leur partenaire Amoureux et qui sera-t-il ou elle ? Combien d'entre nous aimerions connaître d'avance quand cette période d'insécurité financière va-t-elle se terminer ? Quand ces conflits interpersonnels cesseront-ils ? Quand notre vie nous permettra-t-elle de réaliser nos rêves ?

Mais voulons-nous vraiment connaître d'avance ce qui nous attend ?

Si quelqu'un nous raconte un film dans le détail alors que nous voulons aller le voir, avons-nous encore le goût de visionner ce film si nous en connaissons déjà tous les tenants et aboutissants et ce qui arrive au héros ? Bien sûr que non ! Nous préférons que le scénario nous surprenne, nous bouleverse, nous touche, nous émerveille !

Alors pourquoi vouloir tout savoir de notre Vie avant que les choses arrivent ? Si nous restons ouverts d'esprit et de cœur et que nous faisons confiance à la Vie, nous découvrirons qu'elle nous a concocté un scénario à la hauteur de nos aspirations et de nos capacités, une suite d'évènements qui nous bouleversent, nous touchent, nous surprennent, nous émerveillent. Et malgré certains passages stressants ou difficiles, nous pouvons choisir d'être en mesure d'apprécier ce scénario construit sur mesure pour chacun d'entre nous parce que chaque scène est importante dans notre histoire dont nous sommes le héros.

L'important c'est de donner le meilleur de nous-mêmes dans chaque scène pour en faire la plus belle réalisation qui soit.

À partir du scénario que la Vie nous offre, nous pouvons choisir de faire de notre vie un film de série B ou un chef d'œuvre, selon que nous agissons en acteurs de notre film ou en spectateurs. Aucune scène n'est inutile, sachons donc en tirer le meilleur pour que notre Vie soit un chef d'œuvre et une inspiration pour les autres.

Ne nous comparons jamais !

Personne n'est irremplaçable, dit le dicton.

Mais personne n'est remplaçable non plus ! Nous sommes tous uniques et personne ne prend la place de qui que ce soit !

Nous ne remplaçons jamais quelqu'un qui a existé avant nous, qui était la personne aimée avant nous, qui occupait ce poste avant nous. Toute personne qui arrive dans notre vie ne prend la place de personne, elle prend sa propre place.

Aucune comparaison ne tient la route lorsqu'il est question de personnes. Peu importe nous arrivons avant qui ou après qui dans un nouveau rôle de vie, que ce soit l'Amoureux/se, l'employé/e, l'enfant, etc., personne ne remplacera jamais personne.

Cessons donc de nous comparer ou d'avoir peur d'être comparés. Nous devrions toujours être aimés pour ce que nous sommes maintenant, pas à travers le filtre de la comparaison avec ceux qui nous ont précédés.

Aimons-nous assez pour reconnaître que nous sommes uniques et qu'il s'agit de nous ici maintenant, dans toute notre personnalité, dans tout l'espace que nous occupons, dans l'importance que nous nous accordons, dans la place que nous prenons : la nôtre !

Ne nous comparons jamais, puisque rien n'est plus réducteur que la comparaison. N'acceptons jamais d'être comparés non plus. Rien n'est plus dommageable pour l'estime de soi.

Soyons ici, maintenant, présents, aimants, entiers et donnons le meilleur de nous-mêmes. C'est parfaitement suffisant !

Nous sommes tous uniques ! Aimons-nous pour ce que nous sommes, sans comparer. Jamais !

Une seule religion : aimer !

Une seule religion compte : c'est l'Amour. Quelle que soit notre allégeance religieuse, tout ce qui compte c'est d'aimer. Aimer sans juger, sans se croire supérieur, sans voir l'autre comme un paria, comme un ennemi. Seulement aimer.

Quand arrêterons-nous de juger et de détruire ceux qui ne pensent pas comme nous ? Ceux qui ne croient pas au même Dieu ? Ceux qui ne vont pas au même temple ?

N'avons-nous pas encore appris que tout ce qui compte c'est d'apprendre à mieux aimer ? Mieux, plus profondément, inconditionnellement, sans retenue ?

L'être humain est sans doute l'être vivant qui apprend le moins vite de ses erreurs, de ses égarements. Malgré des millénaires de guerres et de haines, il n'a pas encore compris qu'il doit apprendre à mieux aimer. Y arriverons-nous un jour ?

Continuons de parler d'Amour, de prêcher l'Amour, d'être des exemples d'Amour inconditionnel. Cessons de nous juger les uns les autres, de croire que notre Dieu est meilleur que le leur... Seul l'Amour compte ! Celui que nous aurons appris à diffuser, à représenter, à être dans toutes les sphères de notre vie. Arrêtons de juger et aimons. C'est tout ce qui compte.

Et ceux qui croient que nous vivons au pays des Bisounours, est-ce que dans vos pays en guerre l'Amour est plus présent ? Ici nous choisissons d'aimer. Si cela ne vous plaît pas, libre à vous de continuer à choisir les conflits. Nous, nous continuerons de vous aimer.

Sur la défensive ?

Certains d'entre nous réagissent constamment sur la défensive. À la moindre remarque, au moindre soupçon d'une critique, d'un commentaire ou d'une question « dangereuse », ils se mettent automatiquement en mode défensif.

Ils nous arrivent tous de réagir défensivement à l'occasion. Pour nous protéger d'un reproche, parce que nous nous sentons coupables, parce que notre ego a peur, parce que nous ne voulons pas être pris en défaut. En général, c'est une réaction normale mais que nous aurions intérêt à transformer pour plus de paix intérieure.

Si toutefois notre mode défensif est tellement actif que nous oscillons constamment entre l'attaque et la défense, nous aurons l'impression d'aller en guerre du matin au soir. Ces comportements d'attaque et de défense sont épuisants pour la personne qui les utilise... et pour tous ceux qui la côtoient. Les relations sont difficiles, parfois même impossibles, car cette attitude guerrière ne cède pratiquement pas de place à l'Amour.

Si nous prenons conscience que nous sommes trop souvent en train d'attaquer et de nous défendre, alors il est grandement temps d'aller réconforter cet enfant en nous qui a tellement peur de se faire punir qu'il s'épuise à se protéger inutilement.

Cet enfant en nous a besoin qu'on le rassure, qu'on lui enseigne que le monde n'est pas si méchant, qu'il ne sera pas puni parce qu'il a fait une erreur et surtout, que les dangers qui le terrorisaient quand il était petit n'existent plus maintenant.

La blessure de l'enfant qu'on a traité de « bon à rien » et élevé à la dure est l'une de celles qui laissent le plus de traces à l'âge adulte. Elle intervient dans toutes les relations et la personne qui la porte éprouve beaucoup de difficulté à s'aimer, à développer son estime de soi, à être en relation de confiance avec les autres.

Réapprendre à faire confiance aux autres, à baisser ses gardes n'est pas chose facile mais cela se fait un petit geste à la fois.

En commençant d'abord par soi, en arrêtant de se juger, de se critiquer, de se taper sur la tête au moindre faux pas.

En apprenant à s'aimer, tout doucement, un jour à la fois.

La vie ne nous abandonne jamais !

Même si parfois, tout ce qui nous entoure semble indiquer le contraire, la Vie ne nous abandonne jamais !

Il y a toujours un message, une leçon ou un cadeau dans chaque événement que nous vivons. La difficulté provient du fait que nous ne savons pas pourquoi nous vivons cet événement, mais la Vie le sait !

Cette relation qui se termine, c'est peut-être un cadeau que nous fait la Vie pour nous guider vers quelque chose de mieux, que ce soit dans la solitude pour nous réaliser pleinement, ou vers une nouvelle relation qui nous élèvera plus haut.

Cet emploi que nous perdons, ce peut être le message de la Vie que celui-ci n'était plus aligné avec ce que nous sommes ou que nous n'y étions plus vraiment heureux. Un coup dur peut cacher une nouvelle opportunité dans laquelle nous nous épanouirons comme jamais.

Ces problèmes de santé ont peut-être le mandat de nous enseigner une leçon fondamentale, celle de prendre soin de nous avec plus d'Amour, de mieux équilibrer notre vie, de faire la paix avec de vieilles histoires qui nous rendent malades.

Bien entendu, lorsque nous vivons ces situations, il est difficile de rester zen et d'accueillir ces difficultés avec ouverture. Pourtant, c'est ce que la Vie nous demande. Lui faire confiance, c'est savoir chaque fois que rien n'arrive pour rien, que tout arrive pour notre bien et que la Vie sait mieux que nous ce dont nous avons besoin.

À partir du moment où nous savons que la Vie ne nous abandonne jamais, nous pouvons dès lors nous ouvrir aux messages qu'elle tente de nous communiquer, peu importe ce qu'elle met sur notre route.

Faire confiance à la Vie, c'est aussi se faire confiance.

Croire que la Vie ne nous abandonne jamais, c'est aussi s'engager à ne plus jamais nous abandonner nous-mêmes.

Aimer la Vie comme elle est, c'est aussi nous aimer comme nous sommes.

Et ça, ça n'a pas de prix !

Les yeux du cœur

On ne voit bien qu'avec le cœur, disait le renard au Petit Prince de Saint-Exupéry.

En effet, toute notre réalité peut être interprétée de deux façons : avec notre ego, notre tête, qui analyse, soupèse, juge, critique, balance, additionne, soustrait, divise, multiplie, condamne, estime, réfute, refuse et renie. Ou avec notre cœur, qui ne connait qu'un seul verbe : Aimer. Point.

Nous voyons chacun dans ce monde exactement la quantité d'Amour que nous y mettons. Si nous trouvons que ce monde manque d'Amour, c'est qu'il est temps pour nous de lui en donner plus. Ce n'est pas en critiquant ce monde, en le jugeant malade, malsain, désaxé que nous en ferons un monde meilleur.

Au contraire, c'est en y injectant plus d'Amour, en y semant plus de joie, en y diffusant plus de sourires que nous contribuerons chacun à notre façon à le rendre meilleur.

En regardant ce monde avec les yeux du cœur, nous pourrons y voir où nous devons y semer plus d'Amour. Nous choisirons de voir ce qui va bien, plutôt que de trébucher sur ce qui va mal. En focalisant sur ce qui va bien, nous contribuons à créer plus de bien-être. Exactement de la même manière que si nous nous concentrions sur ce qui va mal dans le monde, nous accentuerions ce mal-être.

En voyant la Vie avec les yeux du cœur, nous pouvons trouver un sens à ce qui semble ne pas en avoir. Nous pouvons voir l'équité de la Vie même dans les injustices, la beauté de la Vie même dans les difficultés, l'Amour de la Vie même dans les souffrances.

Changeons notre regard sur la Vie, sur le monde. Mettons-y plus d'Amour, constamment. Nous finirons par faire une différence, tous ensemble.

N'ATTENDONS PAS QUE LE MONDE CHANGE. CHANGEONS LE MONDE !

Comment compliquer sa vie !

Avez-vous remarqué à quel point parfois nous aimons nous compliquer la Vie ?

Alors que tous les signes de la Vie pointent dans la même direction, nous nous entêtons à continuer de faire la même chose qui ne nous réussit pas !

Alors qu'une discussion pourrait s'avérer franche et constructive, nous demeurons braqués sur nos positions et nous réagissons comme si nous avions 8 ans !

Quand quelqu'un nous pose des questions, plutôt que de fournir une réponse, nous répondons avec d'autres questions, des pourquoi et des « que veux-tu dire? » !

Bien que nous pourrions prendre la Vie du bon côté, on dirait que quelque chose nous pousse à toujours trouver la petite bête noire qui se cache derrière chaque rayon de soleil. Plutôt que de faire confiance à la Vie, nous nous positionnons en mode suspicion, enquête et méfiance !

La vie est si simple, pourtant ! Mais ciel que nous sommes compliqués parfois !

Et si aujourd'hui, pour les prochaines 24 heures, nous essayions de prendre la Vie simplement ? D'accepter ce qu'elle nous offre, sans rechigner ni râler, juste en étant ouverts d'esprit et de cœur ? Juste pour faire le test durant une journée ? Peut-être verrions-nous une différence majeure entre notre attitude habituelle et celle d'aujourd'hui ? Peut-être constaterions-nous que vraiment, c'est nous qui sommes parfois compliqués et que nous aurions intérêt, pour être heureux, à vraiment simplifier les choses ?

Si nous arrêtons de nous opposer à la Vie, si nous lui disons une grand OUI, alors toute notre Vie s'en trouvera simplifiée ! On essaie ?

Quitter le nid

Nous avons tous, un jour ou l'autre, à quitter le nid familial. Certains le quittent très tôt, par besoin d'indépendance ou pour cesser de souffrir. D'autres le quittent très tard, par besoin de confort, de bien-être ou par peur de la liberté. D'autres enfin ne le quittent jamais, restant branchés sur le nid familial et y retournant chaque fois que c'est possible. Ce n'est ni bon ni mauvais, simplement un constat des attitudes que nous adoptons lorsque nous devenons adultes.

Lorsque ce sont nos enfants qui quittent le nid, et particulièrement lorsque le dernier le fait, le nid devient vide pour les parents oiseaux. Nos enfants s'en vont généralement, soit pour construire un nouveau nid plus loin, soit pour finir leur vie ailleurs.

Mais en tant que parents, lors que notre petit dernier quitte le nid familial pour s'envoler vers d'autres cieux, tant d'émotions nous envahissent : la fierté de le voir devenir adulte et autonome, la tristesse de le voir quitter notre environnement, la peur de ne plus l'avoir sous nos yeux et le lâcher prise, puisque, comme l'arbre, nous ne pouvons maintenir attaché à notre branche un fruit lorsqu'il est mûr.

Quitter le nid, c'est la première manière de déployer ses ailes. C'est aussi s'affranchir des idées familiales reçues et jamais encore remises en question. C'est devenir notre propre référence. C'est prendre nos décisions, basées sur nous et non sur les attentes d'une autre personne. C'est s'avancer dans le vide, sans savoir ce que la Vie nous réserve, se sentir parfois seul au monde devant l'immensité de ce qui nous attend, devant l'âpreté des défis, parfois... C'est aussi ne plus pouvoir se réfugier sous les jupes de notre mère ou les bras de notre père pour nous défendre et nous protéger. C'est devenir adulte.

Et c'est aussi commencer à Vivre pleinement notre vie. À devenir ce que nous sommes vraiment. À assumer nos décisions, bonnes ou... moins bonnes. À tenter de se rappeler ce que nos parents nous ont enseigné. Et à y trouver du sens, finalement ! À faire confiance à la Vie, un jour à la fois. C'est aussi apprendre à se connaître... et à s'aimer, dans ce que nous découvrons de nous, dans ce que nous sommes devenus !

Et comme parents... c'est relire le paragraphe précédent, mais en l'appliquant à nous, cette fois-ci !

L'Amour ne fait jamais mal

Dans certaines relations, on dirait parfois que l'Amour est un combat. La jalousie, l'envie, la bataille pour gagner et avoir raison, tout ça s'insère dans une relation au départ empreinte d'Amour et la mine par la base, jusqu'à la détruire complètement parfois.

Quand l'ego prend le dessus sur l'Amour, il devient plus difficile d'aimer. Si nous ne sommes pas vigilants et que nous laissons notre ego prendre le contrôle de la relation, celle-ci est souvent vouée à l'échec. Quand l'Amour fait mal, c'est que ce n'est pas de l'Amour, justement. Aucune relation d'Amour, qu'elle soit Amoureuse, filiale, parentale, amicale ou sociale, ne devrait faire mal.

C'est ce qui n'est pas de l'Amour qui nous blesse. C'est l'orgueil, la jalousie, le contrôle, la méchanceté, la violence, la rancœur, la manipulation qui blessent. Ce n'est jamais l'Amour.

Quand nous avons trop souffert dans une relation où il manque d'Amour, nous avons tendance à nous refermer et à refuser de vivre l'Amour à nouveau, croyant que c'est douloureux d'être Amoureux. On se protège inutilement, on se ferme à l'Amour pour ne pas souffrir et on se prive ainsi du meilleur de la vie. C'est en faisant tout pour éviter d'avoir mal à nouveau que nous nous blessons nous-mêmes le plus, nous privant du plus beau sentiment qui soit et dont nous avons tous tant besoin.

Dans chacune de nos relations, où manque-t-il d'Amour, selon nous ? Y a-t-il trop de contrôle, trop de jugement, pas assez de douceur, trop de peurs? Que pouvons-nous faire pour mettre plus d'Amour dans chacune d'elles, si nous désirons préserver celle-ci ? Si toutefois l'une ou l'autre de ces relations nous fait du mal, nous détruit à petites doses ou à grand coups de violence, si nous sommes malheureux comme les pierres avec l'une de ces personnes, alors il vaut sans doute mieux avoir le courage de regarder la situation en face et de nous demander si c'est vraiment de l'Amour, ce que nous vivons.

Car l'Amour ne fait jamais mal, l'Amour ne nous détruit jamais, ni ne nous rabaisse. L'Amour ne réveille jamais le pire en nous. On ne se sent jamais plus petit quand il y a de l'Amour. Au contraire, on se sent plus grand, plus fort, invincible même parfois !

L'Amour apporte avec lui de la douceur, de la joie ; il nous stimule à nous dépasser, à donner le meilleur de nous-même, à être plus généreux, plus ouverts...

Ce n'est jamais l'Amour qui fait mal. C'est le manque d'Amour.

L'abandon

Nombre d'entre nous avons connu l'abandon dans notre vie, que ce soit par nos parents, dans nos relations de couple ou d'amitié. Si nos parents nous ont abandonné tôt, les probabilités sont fortes que nous vivions à répétition ce sentiment d'abandon dans beaucoup de nos relations adultes.

Pourtant, comme rien n'arrive pour rien, peut-être que cet abandon avait pour but de nous forcer à développer notre autonomie tôt dans notre vie.

Peut-être s'agissait-il d'un geste d'Amour de parents qui ne pouvaient pas prendre soin de nous adéquatement. Peut-être la Vie nous protégeait-elle ainsi d'un sort encore pire, si nous n'avions pas été abandonnés.

Peut-être même l'abandon avait-il pour but de faire en sorte que nous décidions, envers et contre tous, de ne pas nous abandonner nous-mêmes, ou de ne jamais abandonner ceux que nous aimons.

Si nous vivons des relations où l'on nous abandonne trop souvent, c'est signe qu'il y a là une blessure dont il nous faut prendre soin.

Nous avons toujours le choix : voir l'abandon comme le plus grand handicap à notre bonheur, ou le voir comme étant une étape nécessaire pour grandir.

Rien n'est inutile dans notre vie. Il n'en tient qu'à nous de savoir trouver le positif dans chaque situation, même celles qui nous paraissent difficiles.

La peur de l'abandon

Nous sommes parfois plein de contradictions ! Beaucoup d'entre nous avons une peur bleue de l'abandon, surtout si nous l'avons vécu étant jeune.

Nous développons alors toutes sortes de mécanismes de défense... qui ne fonctionnent pas ! Mais nous nous y accrochons de toutes nos forces pour que les personnes aimées ne nous abandonnent jamais. Nous devenons même parfois dépendants, jaloux, contrôlants, méfiants, de peur d'être abandonnés. Certains ont même tellement peur de l'abandon qu'ils vont jusqu'à mettre fin à la relation eux-mêmes pour ne pas être abandonnés.

Et pourtant, tant de fois nous abandonnons-nous nous-mêmes ! Nous sommes la personne qui nous abandonnons le plus souvent !

Quand nous allons au-delà de nos limites, physiques ou personnelles, nous nous abandonnons. Quand nous nous blâmons ou que nous nous sentons coupables, nous nous abandonnons. Quand nous n'écoutons pas notre voix intérieure, que nous ne suivons pas le chemin qu'elle nous montre, nous nous abandonnons.

Quand l'enfant en nous a envie de jouer, de relaxer, de s'amuser mais que nous poussons la machine encore plus loin, que nous ne nous permettons pas d'avoir du plaisir ou de ne rien faire, même si notre corps et notre esprit nous le demandent, nous nous abandonnons.

Quand nous n'entendons pas l'appel à l'Amour de notre cœur et que nous continuer de garder rancune ou de juger, c'est notre âme que nous laissons tomber. Tous les chemins que nous prenons qui nous éloignent de nous, de notre Moi profond, de ce que nous sommes intrinsèquement, sont des manières plus ou moins subtiles de nous abandonner.

Être présent à soi, être à l'écoute de notre cœur, suivre nos intuitions, aller vers ce qui nous fait du bien, rester dans l'Amour le plus possible, être bons pour nous et pour les autres, apprendre à nous aimer tels que nous sommes sont les manières les plus sûres de ne pas être abandonnés.

Parce qu'alors NOUS ne nous abandonnons pas. À partir du moment où nous nous engageons à ne plus nous abandonner nous-mêmes, la peur de l'abandon par l'autre disparaît. Parce que nous savons qu'il y aura toujours quelqu'un pour prendre soin de nous : nous-mêmes !

Et même si nous ne l'avons jamais appris, même si personne ne nous a enseigné à prendre soin de nous, il n'est jamais trop tard pour commencer, puisque nous le faisons depuis si longtemps pour les autres !

La technique du miroir

Tout ce que nous vivons, ce que nous observons chez les autres et qui nous dérange, ce que nous trouvons difficile ou qui nous rend émotifs, tout est à propos de nous. Comme tout part de nous, tout parle de nous aussi !

La difficulté provient surtout du fait que nous n'aimons pas toujours nous remettre en question et que nous tentons le plus souvent possible de ne pas assumer cette immense part de responsabilité de notre vie. Et pourtant, la technique du miroir peut tellement nous aider à évoluer plus rapidement, pour peu que nous sachions mettre de côté notre orgueil et que nous faisions taire notre ego pour quelques instants !

Ainsi...Cette mauvaise habitude dont notre conjoint ne veut pas se débarrasser et qui nous dérange tant nous parle d'une autre mauvaise habitude que nous avons mais que nous ne voulons peut-être pas avouer. Ce défaut que nous observons chez notre collègue, où le portons-nous nous-mêmes ? Si nous voyons de la nonchalance qui nous dérange dans son attitude, se peut-il que notre propre nonchalance à notre égard nous dérange aussi ?

Lorsque nous sommes irrités par la manière qu'ont des membres de notre famille de juger tout un chacun, ne faisons-nous pas de même, nous aussi ? Ou peut-être nous jugeons-nous autant que nous les voyons juger les autres ? Si nous trouvons nos ados paresseux, où avons-nous le goût d'être paresseux et que nous ne nous le permettons pas, parce que nous jugeons négativement cette attitude ?

Quand nous sommes dérangés par la soumission que démontre une amie, y a-t-il des zones de notre vie où nous nous soumettons à d'autres diktats ou à une quelconque autorité et que nous refusons de voir jusqu'ici ? Si être en contact avec quelqu'un qui nous ment nous horripile, où nous mentons-nous à nous-mêmes ?

Tout ce qui nous dérange chez les autres est un miroir d'un trait que nous possédons nous-mêmes, mais souvent différemment, autrement. Si nous ne portions pas ce trait, leurs comportements ne nous dérangeraient pas autant ! Lorsque nous utilisons la technique du miroir pour devenir conscients de ce que nous portons et que nous avons à guérir, les prises de conscience sont parfois douloureuses, mais elles sont importantes!

La technique du miroir n'a pas son pareil pour nous amener à prendre soin de ces zones en nous qui ont encore besoin de plus d'Amour !

Être témoin

Lorsque nous nous sentons coincés dans une situation qui nous semble difficile, ou sans issue, prendre un peu de recul pour nous mettre en position de témoin peut être d'un grand secours.

Cela demande de la pratique, certes, mais c'est un processus qui nous permet de sortir un peu du cadre de nos émotions pour évaluer la situation d'un autre point de vue, plus neutre, comme nous le ferions pour un ami.

C'est parfois difficile, car cela nous demande à la fois de renoncer à laisser notre ego tenter de diriger la situation, et de nous retirer momentanément de la situation pour nous observer nous-mêmes, observer la situation, observer l'autre et les enjeux sur la table.

C'est n'est pas toujours évident de nous observer adopter des comportements moins matures, de nous voir être pris dans nos scénarios répétitifs, de voir parfois nos blessures à l'œuvre pour tenter de gagner une manche dans un match sans fin.

Et pourtant, quand nous réussissons à prendre ce recul salutaire, nous éprouvons un grand sentiment de liberté. Parce qu'alors, nous ne cherchons plus à gagner, mais à comprendre ce qui se passe et à laisser notre intuition, notre belle sagesse intérieure, nous guider vers les pistes de solutions les meilleures pour nous.

Être témoin de soi, ça demande du recul, de la maturité et de la conscience, mais en même temps, cette attitude favorise la maturité et la conscience !

Être témoin de soi, c'est aussi une grande preuve d'Amour envers soi-même, parce que le témoin est neutre, ne juge pas, ne culpabilise pas et ne reproche pas. Il cherche la solution la meilleure, celle dont nous avons besoin. Et ça, c'est s'aimer aussi !

L'impuissance à aider ceux qu'on aime

Quel sentiment extraordinairement pénible que l'impuissance quand ceux qu'on aime souffrent !

Que ce soit physiquement, psychologiquement ou émotivement, voir souffrir ceux qu'on aime est difficile pour nous. Pour peu que la relation soit encore plus proche ou plus intime, comme notre conjoint ou encore davantage nos enfants, nous donnerions pratiquement n'importe quoi pour les soulager de leurs souffrances, quitte à prendre sur nous les douleurs qui les affligent.

Malheureusement c'est impossible ! Et nous voilà aux prises avec nos sentiments d'impuissance, d'incompétence parfois, de douleur difficile à tolérer tant nous voudrions vraiment faire quelque chose pour que ces personnes qui nous sont chères aient une meilleure qualité de vie.

Et pourtant... nous avons tous notre lot à porter, jusqu'à ce que celui-ci ait terminé de nous enseigné la leçon pour laquelle il est apparu dans notre vie. Pour nous qui observons ces souffrances sans pouvoir les soulager quelque peu, il nous est difficile d'accepter notre impuissance, et souvent, cela nous révolte encore plus, ou nous fait encore plus mal, que si c'était nous qui souffrions à leur place.

Comme la Vie sait toujours mieux que nous ce qu'elle fait et ce dont chacun a besoin, nous devons accepter à la fois que la souffrance de la personne qu'on aime lui est utile pour développer quelque chose d'important pour elle, et accepter aussi notre impuissance en ayant confiance que la Vie sait ce qu'elle fait.

Si nous sommes témoins de cette souffrance et de notre impuissance, c'est que nous aussi nous avons quelque chose à apprendre de cette situation. Peut-être de redécouvrir notre humilité et de cesser de croire que nous sommes tout-puissants pour aider tout le monde ; peut-être de renforcer notre confiance en la Vie et en la capacité de l'autre à y faire face ; peut-être enfin de lâcher prise, en assumant seulement ce qui nous appartient et en reconnaissant le droit de l'autre à assumer ce qui lui appartient.

Nous ne pouvons que nous brancher sur l'Amour infini pour accompagner la personne aimée dans sa souffrance et nous en remettre à la sagesse divine, ou à l'intelligence de la Vie, pour accepter que cette situation doit être vécue ainsi afin que plus d'Amour surgisse en nos cœurs.

Même si nous ne comprenons pas. Même si nous ne pouvons pas faire grand-chose.

Revenir à l'essentiel

Perdus dans nos difficultés, nos doutes, nos questionnements, notre insécurité, nous cherchons une porte de sortie, une solution, un apaisement, un exutoire.

Nous traversons toutes sortes de phases pour comprendre, justifier, et analyser ce que nous vivons. Notre engagement à trouver une solution n'a d'égale que la souffrance que nous vivons dans cette situation.

Et pourtant, nul besoin de chercher si loin la solution miraculeuse, celle qui nous réconfortera, qui nous sortira de notre marasme, celle qui nous permettra de souffler un peu.

Cette solution, nous la portons en nous depuis toujours, mais nous l'oublions continuellement, la cherchant constamment à l'extérieur de nous.

Pour mieux vivre, pour être en paix, il nous faut revenir à l'essentiel. Toujours !

Le superflu, tout ce qui n'est pas nécessaire, les engagements bidons que nous prenons pour sauvegarder les apparences ou préserver notre image, la consommation qui nous donne l'illusion d'être quelqu'un alors que nous nous perdons dans les choses, tout ça, ce n'est pas l'essentiel. C'est l'inutile.

L'essentiel c'est l'Amour. Celui que nous nous donnons, celui que nous portons aux autres, celui que nous semons dans ce monde en manque d'Amour.

Débarrassons-nous de tout ce qui n'est pas essentiel. Nous retrouverons ainsi une Vie simple, dans l'Amour, dans la Joie et avec un plus grand potentiel de Bonheur.

Car il n'y a que dans l'Amour que nous puissions être heureux. Nulle part ailleurs.

Quand notre ego nous contrôle

La plupart d'entre nous avons de la difficulté à identifier quand c'est notre ego qui prend le contrôle de nos réactions. Nous aimerions croire que notre ego n'est pas si imposant que ça et qu'il n'apparaît que rarement dans notre vie.

Pourtant, les signes suivants indiquent toujours que c'est notre égo qui nous dirige :

- nous cherchons à avoir raison ;
- nous bâtissons des scénarios dans notre tête ;
- nous nous sentons attaqués, nous sommes susceptibles ;
- nous jugeons, les autres ou nous-mêmes ;
- nous nous comparons en nous croyant supérieurs ou inférieurs ;
- nous sommes en colère et nous n'en sortons pas, nous cultivons notre vengeance ou préparons notre réponse ;
- nous ruminons le passé ou que nous anticipons l'avenir ;
- nous nous sentons petits, tristes, angoissés, nerveux ;
- nous avons peur de ne pas être à la hauteur ;
- quand tout semble aller de travers et contre nos désirs.

L'ego déteste avoir tort ; il se compare toujours aux autres ; il ne vit pas dans le présent mais toujours dans le passé ou dans l'avenir ; il aime les mélodrames, les choses compliquées, les scénarios de catastrophe. Il fuit quand nous nous centrons sur l'Amour.

On ne peut pas se débarrasser de notre ego : il fait partie de nous et si nous le maîtrisons, il est fort utile dans notre vie pour nous aider à réaliser nos rêves. Mais il est hautement toxique quand nous le laissons nous envahir et prendre le contrôle de nos réactions, parfois même de notre vie.

Quand c'est l'ego qui nous mène, nous avons besoin de contrôler, de juger et d'être approuvés. Quand on se branche sur l'Amour, nous n'avons plus besoin de contrôler, ni de juger ou d'être approuvés : nous sommes plus libres et laissons les autres être plus libres aussi. Nous accueillons ce qui se présente sans le juger bon ou mauvais, sachant que cela fait partie de notre expérience de vie. On constate alors qu'on contrôle bien peu de choses, et que c'est parfait ainsi.

Il n'y a qu'une seule recette pour diminuer le pouvoir de notre ego : c'est d'être dans l'Amour. Aimer tout ce qui est :

- Accepter la réalité telle qu'elle se présente ;
- Vivre dans l'instant présent ;

- S'aimer soi et aimer les autres sans juger ;
- Comprendre que tout est parfait car la Vie prend soin de nous de la meilleure manière possible pour contribuer à notre évolution, pour nous amener à aimer ce qui est.

Car le but de toute chose, le but de tout ce que nous vivons, c'est de nous apprendre à mieux aimer.

La culpabilité

La culpabilité est l'un des écueils les plus puissants que notre ego utilise pour nous maintenir dans la peur et la souffrance.

C'est aussi l'un des obstacles les plus importants qui nous empêchent d'avancer et de nous réaliser pleinement.

La culpabilité, c'est être pour soi à la fois juge, bourreau et victime. C'est la conséquence directe de notre manque d'Amour envers nous. Nous sommes trop souvent les juges les plus implacables de nous-mêmes, de nos actions, de nos paroles. Nous projetons sur nous ce que nous croyons que les autres ont comme opinion de nous. Nous devenons souvent notre pire ennemi en nous reprochant ce que nous n'oserions même pas reprocher à notre meilleur ami.

La culpabilité nous sert aussi souvent à nous donner bonne conscience, même si nous n'en sommes pas conscients. Se sentir coupable sert alors à équilibrer l'action posée face à l'échelle de nos valeurs.

Si nous sommes heureux, nous nous sentons coupables comme si c'était injuste pour ceux qui souffrent. Parfois même, nous nous sentons coupables d'être nous-mêmes, et nous n'osons pas l'être, par peur de décevoir nos proches.

Cessons d'être notre pire juge, notre pire bourreau. La plupart d'entre nous nous efforçons de ne pas juger les autres, alors arrêtons de nous juger nous-mêmes !

En nous acceptant pleinement tels que nous sommes, en accueillant nos « erreurs » comme des apprentissages, en avançant dans l'Amour le plus possible, autant envers soi qu'envers les autres, nous chasserons la culpabilité de notre chemin.

Plus notre estime de soi sera solide, moins la culpabilité prendra de place dans notre vie.

La prochaine fois que nous nous sentirons coupables de quoi que ce soit, plutôt que de nous juger, demandons-nous quelle partie de notre âme avons-nous besoin de mieux aimer.

Sous une aile protectrice

Quelle que soit notre situation, la Vie nous envoie toujours un guide, un ange, une protection. Nous sommes toujours sous son aile protectrice, malgré les coups durs, les chagrins, les difficultés qui nous semblent insurmontables parfois.

Lorsque nous avons l'impression que plus rien ne va, que ce que nous craignions le plus semble se matérialiser, que toutes les issues nous paraissent bloquées, il ne nous reste parfois qu'à demande de l'aide, un signe, un petit miracle. Comme la Vie nous entend toujours, elle répond à notre demande, mais à sa manière.

Ces « anges » qu'elle nous envoie pour nous guider peuvent prendre toutes sortes de formes : c'est peut-être un inconnu qui changera le cours de notre journée ; ce peut être une lecture qui nous donnera la réponse à la question que nous nous posions. C'est peut-être une chanson, dont les paroles seront comme un baume au moment où nous en avions le plus besoin.

Parfois, les anges revêtent des habits connus : une amie au grand cœur et à l'épaule réconfortante, un proche qui nous dit ce que nous avions besoin d'entendre ; un conjoint qui nous rassure sans même parler.

Mais il arrive aussi que ces guides prennent des allures totalement opposés à ce que nous nous attendions : qui nous dit que ce patron qui nous pose difficulté n'est pas justement le guide qu'il nous faut pour que nous ayons le courage de changer d'emploi ? Ou que cet ami qui nous rejette ne soit pas le miroir réfléchissant le rejet que nous nous faisons vivre à répétition ? Ou que cet automobiliste qui nous fait entrer dans une colère féroce ne soit pas justement un ange déguisé venu nous avertir que nous avons besoin de régler cette blessure d'agressivité que nous portons depuis trop longtemps ?

Alors avant de juger, avant de désespérer, avant de renoncer, demandons à la Vie, à l'Univers un signe visible pour obtenir une réponse à nos questions, ou pour recevoir l'aide tant espérée. Et demeurons attentifs aux signes qu'elle mettra sur notre route, même les plus subtils, même les plus inattendus.

Car les anges ne portent pas toujours leurs ailes déployées.

Prendre parole

Il est parfois difficile avec certaines personnes de placer un mot, tant elles prennent de la place aisément avec leurs paroles.

Mais plutôt que de leur en vouloir de « ne pas nous avoir laissé de place », regardons plutôt ce qui fait que nous avons de la difficulté à prendre NOTRE place. Car ce ne sont pas ces personnes qui ne nous laissent pas de place, c'est nous qui ne prenons pas la nôtre.

Si on nous a souvent dit de nous taire lorsque nous étions petits, nous avons tellement bien intégré la leçon que nous continuons de le faire, même si cela nous rend malheureux. Combien de secrets souffrants ainsi jamais révélés !

Si nous étions au sein d'une fratrie extravertie alors que nous préférions la tranquillité, nous avons peut-être choisi de nous taire plutôt que de tenter en vain de nous affirmer dans notre famille.

Si nous avons appris tôt à nous taire pour acheter la paix, parce que nos premières figures d'autorité ne supportaient ni les questions ni les contradictions, alors nous sommes restés avec ce mur du silence en nous.

Si nous avons l'impression que nous ne pouvons pas aborder des sujets importants ou délicats avec les personnes significatives dans notre vie, c'est peut-être que nous craignons leurs réactions colériques ou leur rejet. Alors nous restons emmurés dans notre silence, craignant de ne pas être la personne idéale que nous croyons faussement qu'ils attendent de nous.

Prendre notre place dans notre vie, c'est aussi important que d'avoir de l'air pour respirer. Sinon, on étouffe, dans les deux cas.

C'est oser se dire, même en sachant que cela peut déranger ; c'est cesser d'avoir peur que le monde arrête de tourner parce que nous avons pris position. C'est briser les chaînes du silence.

C'est assumer notre différence, notre divergence, nos limites sans craindre le rejet de l'autre parce que plus que tout, être complètement nous-mêmes passe en priorité, bien avant la réaction potentielle de l'autre ou son inconfort.

Ce n'est qu'en étant nous-mêmes et en exprimant qui nous sommes que nous serons aimés pour ce que nous sommes. Parler, c'est s'aimer assez pour ne plus jamais avoir l'impression que nous devons nous taire pour nous faire aimer. Parce qu'en nous aimant, nous nous donnons la parole, notre parole.

Nous nous donnons Vie.

Inspirer

Toutes les décantations du mot inspirer sont inspirantes !

Inspirer, comme dans prendre le temps de vivre, de savourer le moment présent, d'être attentif à soi, aux autres ; admirer le coucher de soleil, respirer l'horizon comme une grande bouffée d'air frais, sentir la nature dans toute sa pureté.

Inspirer, comme dans humer les parfums que nous rencontrons sur notre route et en apprécier toutes les suaves subtilités.

Inspirer, comme dans le fait de se calmer pour revenir à soi, dans un moment tendu. Prendre une respiration à la fois, pour s'y plonger et retrouver le calme perdu.

Inspirer, comme dans l'inspiration de créer de la magie, de la Vie, de l'Amour autour de soi et en soi.

Inspirer, pour faire entrer la Vie en soi, pour accueillir ce qu'elle nous offre, avant de rejeter ce dont nous n'avons plus besoin en expirant, pour nous énergiser avant de nous déposer.

Inspirer, comme dans le fait d'être inspirant pour les autres : de vivre à la hauteur de nos valeurs, de nos idéaux ; de transmettre aux autres notre passion, notre vision positive de la vie, notre Amour de tout ce qui est. Comme dans l'acceptation de ce qui se présente à nous en en tirant le meilleur plutôt que d'y résister

Inspirer, comme dans faire preuve de courage, de résilience, par le fait de trouver un sens aux souffrances vécues et en faire un modèle de compassion pour les autres, d'empathie à leurs propres souffrances.

Être inspiré plutôt que motivé, car c'est dans l'inspiration que nous trouvons l'élan pour avancer, pour nous dépasser, pour suivre le courant de la Vie. Tandis qu'être motivé implique de faire un effort, de se garder sur le qui-vive, de se conditionner à obtenir le résultat visé.

Inspirer, parce que dans l'inspire il y a la Vie et dans la Vie il y a l'Amour. Inspirer l'Amour à chaque respiration, parce que ce n'est qu'en vivant l'Amour que nous sommes vraiment vivants.

Bonheur partagé

Nous vivons de temps à autre des moments mémorables, des petits bijoux de bonheur avec des êtres chers, ou même parfois lors de rencontres inattendues, d'une lecture touchante, d'une musique émouvante, d'une vision pleine de tendresse.

Des moments d'éternité où il semble que tout est parfait, où nous sommes touchés, émus, sensibles à la beauté de la Vie qui se déploie sous nos yeux.

On aurait peut-être envie alors de préserver jalousement ces moments de bonheur, de les vivre à deux ou avec quelques personnes seulement. De ne les garder que pour soit, tellement ils sont beaux, peut-être par peur de nous les faire voler ou de les voir s'amoindrir s'ils sont partagés.

Et pourtant, les petits bonheurs, tout comme l'Amour, ne se divisent pas, ils se multiplient. Plus nous les partageons, plus ils font des petits ! Et ainsi nous en vivons nous-mêmes de plus en plus souvent !

La beauté, la bonté, la joie, le bonheur sont des dons précieux de la Vie qui doivent être partagés avec les autres. Soit pour leur montrer les possibilités de bonheur qui s'offrent à eux, soi pour leur redonner espoir, soit pour leur transmettre presque par osmose notre joie, nos sentiments, notre bonheur, ces cadeaux si précieux. Et si certains ne semblent pas les apprécier sur le moment, soyons assurés qu'une petite parcelle de bonheur vient quand même d'être semée dans leur cœur. Elle jaillira quand ils seront prêts.

Alors quand nous vivons quelque chose de beau, partageons-le. Ce n'est pas de la vantardise, c'est de la générosité. N'ayons pas de fausse humilité à montrer que le bonheur existe.

En partageant nos petits bonheurs, nous en semons d'autres dans le cœur des gens. C'est ainsi que nous changeons le monde.

Un petit bonheur à la fois !

Le moment présent

Ah que nous entendons souvent cette expression ! ! « Vis dans le moment présent ! » Tant et si bien qu'elle est devenue un irritant pour plusieurs personnes. Car, il faut l'avouer, beaucoup d'entre nous ne savons pas comment faire pour vivre dans le moment présent !

Nous nous défendons parfois en disant que c'est le passé qui nous a forgé, qu'on ne peut le nier ni l'oublier. Ou encore qu'il faut planifier notre avenir pour ... pourquoi, au juste ? Pour s'assurer que tout ira bien ? En sommes-nous si sûrs ? Nous n'avons AUCUNE garantie, jamais, de quoi demain sera fait ! Nous pouvons certes faire des projets, travailler à réaliser nos rêves, construire une meilleure vie, mais nous devons faire confiance à la Vie que le meilleur se produira. Et ce ne sera peut-être pas ce que nous avions planifié !

Vivre dans le moment présent demande peu et beaucoup à la fois ! Tout le monde peut y arriver, mais il faut vraiment le vouloir et s'y concentrer moment après moment. Personne n'est obligé d'adhérer à ce mode de vie, mais pourtant, nous ne vivons toujours que le moment présent.

Nous ne sommes pas dans le moment présent quand nous gardons rancune pour des choses du passé, que nous ressassons sans cesse ; quand nous jugeons, alors que nous comparons ce qui devrait être avec ce qui est ; quand nous avons peur, parce que nous projetons dans un futur qui n'existe pas nos peurs actuelles ou antérieures. Ainsi, quand nous sommes jaloux, contrôlants ou inquiets, c'est que nous craignons (peur du futur) ce qui pourrait arriver (conditionnel).

Pour vivre dans le moment présent, il faut être « présent » justement, en pleine conscience de ce qui se passe pour nous en ce moment même. Regardons autour de nous, l'endroit où nous nous trouvons : que pouvons-nous y voir que nous n'avions encore jamais remarqué ? Soyons conscients de notre respiration, du mouvement de nos doigts sur le clavier, de notre posture, du discours ininterrompu dans notre tête.

Pour se pratiquer à vivre dans le moment présent, rien de mieux que de le partager avec un enfant et de vivre à travers ses yeux et sa candeur. Ou encore d'accompagner une personne âgée dans ses tout petits bonheurs quotidiens, tellement précieux à ses yeux parce comptés sur l'échelle du temps. L'essentiel devient si simple quand nous sommes au bout de la route.

Aller dans la nature et faire communion avec elle. Prendre le temps de s'assoir, de lever les yeux vers le ciel, d'observer les formes des nuages, la position du soleil ou des étoiles, sentir le vent sur notre peau. Même au travail, nous pouvons vivre le moment présent en étant concentrés à la tâche, en discutant avec nos collègues, en jetant un regard neuf sur notre environnement.

Ce n'est que dans le moment présent que le bonheur est possible.

Alors pourquoi traîner les boulets du passé ou nous projeter dans un futur inconnu ? Pourquoi chercher « LE » bonheur ailleurs alors qu'il est ici, à portée de cœur ? Comment en sommes-nous venus à croire que le bonheur doit être "gros" ? Ce sont tous les petits bonheurs du moment présent qui font que nous sommes heureux.

Alors vivons ici, maintenant, dans le moment présent !

Savons-nous aimer vraiment ?

Bien que pratiquement tous les textes qui parlent d'Amour reçoivent le plus grand nombre de commentaires positifs, ce sont les réflexions sur ce qu'implique le verbe aimer qui suscitent le plus de résistance !

Nous sommes pratiquement tous en accord pour aimer ce qui est aimable, pour aimer ce qui est facile à aimer, pour être dans l'Amour quand les autres s'y trouvent aussi. Nous portons tous de la bonté dans notre cœur et nous aimons croire que nous sommes aimants, que nous vivons dans l'Amour le plus possible.

Et pourtant, quand il est question de pardonner des comportements jugés inacceptables, nous résistons de toutes nos forces et refusons même parfois de pardonner, comme si pardonner signifiait notre accord. Quand on aborde le fait que les autres sont nos miroirs et qu'ils nous reflètent des zones de nous-mêmes encore méconnues, qu'elles soient lumineuses ou sombres, nous résistons parce que nous refusons de nous voir dans ce que l'autre porte que nous n'aimons pas de nous. Quand il s'agit d'accepter que la Vie est bonne pour nous, malgré les épreuves, nous élevons des barrages parce que nous ne pouvons pas croire que ce qui nous arrive de difficile est une preuve de l'Amour de la Vie envers nous.

Et pourtant, AIMER, c'est aussi pardonner quand c'est difficile. C'est éprouver de la gratitude pour ce que l'autre éveille en nous que nous avons à améliorer. C'est être reconnaissants pour les situations que la Vie met sur notre chemin pour notre évolution.

C'est simple d'aimer quand c'est facile. Mais l'Amour véritable se manifeste surtout quand c'est difficile d'aimer.

Quand nous aurons appris à aimer MALGRÉ ce que nous vivons de pénible, alors nous aurons compris que nous avons appris à aimer GRÂCE à ces expériences pénibles.

Ce jour-là, nous aimerons inconditionnellement.

Vivre dans la peur

Il nous arrive tous d'éprouver ce sentiment de peur devant un danger, réel ou anticipé. Parfois même, nous entretenons un sentiment de peur devant certaines situations que nous vivons, comme parler en public, nous affirmer devant l'autorité ou faire face à un défi d'importance. Mais il arrive aussi que nous vivions dans la peur sans en prendre conscience, comme si ce sentiment avait pris ancrage en nous très jeunes pour ne plus nous quitter, jusqu'à ce que nous le démasquions. Ainsi, si nous avons peur :

- De faire fâcher notre conjoint si nous nous affirmons
- De déplaire à notre patron si nous refusons une tâche
- De dire non à notre enfant pour éviter une crise
- De dire la vérité à une amie pour éviter de la froisser
- De refuser de rendre un service pour garder notre image de personne gentille
- D'énoncer clairement nos besoins pour ne pas paraître égoïste
- D'émettre une opinion différente pour éviter la chicane
- De dire un commentaire pour ne pas alimenter une argumentation
- De donner un conseil parce que nous savons qu'il ne sera pas accueilli
- De faire le moindre geste qui déplaise à ceux qu'on aime
- De demander à nos parents de respecter nos limites pour ne pas les mettre en colère
- D'oser sortir de nos habitudes pour ne rien risquer
- D'essayer de faire différemment pour ne pas nous tromper
- D'apprendre quelque chose de nouveau par crainte de l'échec

Alors nous vivons dans la peur. La peur de vivre, la peur d'exister. Si nous n'amenons pas cette peur à la conscience, si nous refusons de la reconnaître, si nous avons « peur » d'y faire face, elle ne pourra jamais nous quitter.

Prendre conscience de nos peurs, les regarder en face, c'est déjà un premier pas de géant dans notre libération de celles-ci. Là où sont nos peurs, se trouvent aussi nos plus grandes victoires à venir. Chaque fois que nous vainquons une peur, ce n'est pas une marche que nous gravissons dans l'échelle de notre évolution, c'est un étage au complet ! Faire face à nos peurs demande du courage. Mais souvenons-nous que nous serons toujours plus forts que toutes nos peurs, quelles qu'elles soient !

S'aimer, c'est aussi guérir de ses peurs. Parce que la peur n'existe pas dans l'Amour.

Nos attentes

Nous attendons souvent que l'autre réponde à nos attentes... alors que nous ne savons même pas définir les nôtres !

Souvent, nous espérons que la personne aimée, l'Amoureux/se ou l'ami/e, comprenne ou même devine nos attentes et y réponde pour nous faire plaisir, alors que nous ne savons même pas clairement formuler pour nous-mêmes nos attentes !

Nous souhaitons que l'autre nous doit fidèle, alors que nous ne sommes même pas fidèles à ce que nous sommes vraiment ! Nous attendons que l'autre prenne soin de nous, alors que nous ne savons même pas comment prendre soin de nous-mêmes !

Nous espérons que l'autre nous montre à quel point nous sommes importants pour lui/elle, alors que nous ne nous considérons pas importants dans notre propre vie ! Si nous faisons toujours passer les besoins et les désirs de l'autre avant les nôtres, comment pouvons-nous attendre de l'autre qu'il fasse passer nos désirs et nos besoins en priorité ?

Si nous sommes toujours en train de répondre aux attentes des autres, celles que les autres nous formulent ou celles que nous pensons qu'ils ont, nous risquons de le faire tellement spontanément que nous ne saurons même plus quelles sont nos propres attentes à nous !

Nous exigeons l'authenticité, alors que nous ne savons plus qui nous sommes vraiment, trop occupés à tenter de répondre aux besoins de l'autre !

Si nous nous perdons dans notre trop grande capacité à deviner et à répondre aux besoins de l'autre, ne nous étonnons pas que l'autre ne soit pas en mesure de répondre à nos besoins et à nos attentes, puisque nous les avons perdus de vue depuis tellement longtemps que nous nous savons plus ce qu'ils sont !

Se perdre dans l'autre, c'est se renier jusqu'à ignorer ce que nous sommes ! Aimer ne signifie pas oublier qui nous sommes ! Au contraire : lorsque nous nous aimons vraiment, nous demeurons authentiques même lorsque nous aimons quelqu'un d'autre ; nous ne nous perdons pas dans une autre relation : nous demeurons nous-mêmes, peu importe l'intensité de l'Amour que nous portons à autrui !

Se perdre dans l'autre est un signe indéniable de notre dépendance à son égard, de notre manque d'estime de soi, de notre peur de ne pas exister sans le regard de l'autre.

Savoir vraiment aimer l'autre, c'est d'abord s'aimer soi-même vraiment, dans tout ce que nous sommes, sans avoir peur d'être annihilés par l'autre ou par notre Amour de l'autre. L'Amour n'étouffe pas, ne détruit pas, n'inhibe pas : l'Amour crée, permet l'expansion, se multiplie au contact de l'autre, apporte de la joie profonde. Plus nous nous aimons, plus nous sommes aimés.

Quand l'Amour nous restreint, c'est que ce n'est pas de l'Amour : c'est de la dépendance. Car le véritable Amour nous permet de grandir, de nous améliorer, de nous faire sentir plus humains.

Il n'y a qu'une seule personne au monde capable de répondre à nos attentes et de combler nos besoins : nous-mêmes ! Alors cessons d'attendre que les autres nous comblent et répondent à nos attentes. En assumant notre Vie, en nous donnant nous-mêmes ce que nous demandons aux autres, nous ne pourrons pas être déçus !

Apprendre à s'aimer, c'est aussi apprendre à prendre soin de ses propres besoins.

La prise de conscience

Prendre conscience d'un blocage qui influence notre vie depuis des années est souvent comme un accouchement : très douloureux sur le moment mais ô combien libérateur par la suite !

Si nous répétons souvent la même situation, si nous vivons les mêmes événements mais avec d'autres personnes, il y a sans doute quelque chose que nous faisons qui nous attirent toujours le même résultat, à quelques variables près. À force de revivre sans cesse les mêmes difficultés, comme bloqués dans des ornières prononcées, nous en venons un jour à avoir enfin l'humilité d'admettre que le « problème » est peut-être en nous. Que faisons-nous pour que nous revivions sans cesse les mêmes histoires ?

La plupart de nos blocages sont du domaine de l'inconscient. Le rôle de la souffrance, c'est de nous amener à nous éveiller à ces blocages, à les amener à notre conscience pour enfin nous en libérer.

Mais ce n'est pas chose facile que d'accepter de constater que nous répétons depuis des décennies les mêmes patterns qui nous font souffrir. La prise de conscience de ce que nous nous faisons vivre est aussi douloureuse que l'événement que nous reproduisons sans cesse. Par contre, elle constitue cette fois-ci l'ultime étape, l'élément déclencheur de la libération de cette cuirasse qui nous nuit depuis trop longtemps.

En cela, il nous faut avoir de la gratitude pour l'effet miroir que les autres projettent sur nous : en nous montrant leurs propres blocages, ils nous éveillent souvent aux nôtres. Cela ne se fait pas toujours dans la douceur, mais nous réalisons plus tard que grâce à eux, nous nous sommes libérés d'un poids qui nous encombrait depuis longtemps.

Notre rôle est d'amener le plus possible à notre conscience tous nos blocages qui limitent notre potentiel de bonheur, pour les guérir et nous en libérer, ou à tout le moins, amoindrir leur impact négatif dans notre vie. Cependant, une fois amenés à la conscience, il nous faut agir pour effectuer les changements porteurs de guérison. Ce n'est pas parce que nous constatons que nous avons une crevaison à notre auto que le pneu se regonflera automatiquement ! Une fois le constat fait de ce qui nous nuit, il nous appartient de décider de ce que nous faisons avec notre blocage si nous voulons vraiment nous en libérer.

Devenir conscients de toutes nos zones d'ombre et de lumière et agir pour nous en libérer demande beaucoup de courage et de persévérance.

Mais c'est aussi une immense preuve d'Amour envers soi-même et de confiance envers la Vie que d'y faire face.

« J'ai hâte de m'aimer ! »

Combien de fois avons-nous dit « J'ai hâte au jour où je pourrai me regarder dans le miroir et me dire que je m'aime enfin ! » ?

Mais alors, nous nous aimerons quand ? À quelles conditions ? Quand nous aurons réglé ce problème récurrent ? Quand nous aurons surmonté notre timidité ? Quand nous nous affirmerons ? Quand nous aurons perdu ce surplus de poids ? Quand nous serons moins colériques, plus affables, moins ceci, plus cela ?

Ce n'est pas dans le futur, quand nous aurons atteint la perfection de ce que nous voulons être, que nous pourrons enfin nous aimer. Car ça semble si simple d'aimer quelqu'un de parfait ! Et de fait, nous n'atteindrons jamais cette supposée perfection que nous imaginons, parce que nous voudrons toujours un peu plus, un peu mieux.

Attendre d'être « parfaits » pour s'aimer, c'est exactement le contraire de ce qu'il faut faire et ça rend tout l'exercice futile !

C'est maintenant qu'il nous faut nous aimer, dans ce que nous sommes aujourd'hui, dans notre parfaite imperfection, avec nos défauts, nos travers, nos manques, nos blessures, nos beautés aussi, nos bontés, nos qualités, notre singularité. Là réside le défi du véritable Amour : aimer ce que nous sommes, ici, maintenant.

Alors, sommes-nous capables ce matin, ce soir, de nous regarder dans le miroir et de nous dire « je m'aime » ? « je m'aime tel/le que je suis, aujourd'hui, parce que je suis une personne merveilleuse, même si je ne le vois pas encore ! »

Le vrai défi de s'aimer véritablement, c'est de s'aimer dès maintenant.

Chaque jour

Chaque matin au réveil, nous sommes une personne différente de celle que nous étions la veille.

Nos expériences de la journée d'hier, nos discussions, notre nouvelle compréhension de certaines choses, nos conflits aussi, autant que nos petits bonheurs, ont façonné une nouvelle partie de notre personnalité.

Nous avons fait des choix, espérant de meilleurs résultats. Nous avons peut-être essayé quelque chose de nouveau, pour agrandir notre horizon. Nous avons peut-être touché certaines blessures, et alors nous nous sommes repliés, apeurés par la souffrance, ou nous avons franchi une nouvelle étape, vers la cicatrisation de cette plaie.

Tous les choix que nous avons fait hier, avant-hier, le mois dernier, l'an dernier et depuis que nous sommes en âge de choisir, tous ces choix ont fait de nous la personne que nous sommes aujourd'hui.

Ne serait-il pas temps aujourd'hui, de tenter de nouveaux choix si nous voulons améliorer notre vie ? Puisque nous savons que de toute façon, nous serons différents demain, que nous le voulions ou non, pourquoi ne ferions-nous pas en sorte que tous nos choix d'aujourd'hui nous conduisent à une meilleure version de nous-mêmes demain ?

Aujourd'hui, apprenons à nous aimer un peu plus. Partageons notre joie de vivre avec ceux qui en ont besoin. Aidons quelqu'un que nous ne connaissons pas, juste pour le plaisir de voir son visage s'illuminer. Donnons-nous plus de douceur, en ayant moins d'exigences intransigeantes envers nous. Prenons du temps pour méditer, pour revenir à nous, pour ne rien faire, puisque tant d'apprentissages se font dans le silence. Engageons-nous à faire quelque chose de différent, pour le simple bonheur de dépasser nos limites. Changeons notre perspective sur un problème, pour trouver en nous la solution porteuse d'espoir, de paix et d'Amour.

Tant qu'à être différents demain, devenons une meilleure personne !

À cœur ouvert

Il y a un magnifique proverbe soufi qui dit : « La Vie te brise le cœur, encore, et encore, et encore, jusqu'à ce qu'il reste ouvert... »

Combien de fois au cours de notre vie avons-nous pris la décision, consciemment ou parfois sans la conscientiser pleinement, de nous fermer le cœur pour ne plus souffrir ?

Combien de fois avons-nous dit « plus jamais ! » parce que quelqu'un venait de nous blesser ?

Si nous avons été trahis, nous risquons de nous fermer et de ne plus faire confiance aux gens. Si nous avons été abandonnés, nous risquons de refuser l'engagement. Si nous avons été manipulés, nous risquons de devenir méfiants. Si nous avons été déçus en Amour, nous risquons de souhaiter ne plus jamais aimer...

Et pourtant, chaque situation est différente. NOUS sommes différents chaque fois aussi. Mais si nous choisissons de nous fermer le cœur pour nous protéger, nous attirerons cela même que nous voulons éviter, puisque c'est cela même que la Vie veut que nous dépassions, transcendions.

Chaque fois que nous avons sommes blessés, nous avons le choix : fermer notre cœur en espérant ainsi ne plus souffrir. Mais ce faisant, nous souffrons encore davantage parce que nous nous privons de l'essence même de la Vie et nous ruminons du négatif engendré par la peur de souffrir, qui elle-même nous fait souffrir !

Notre autre choix est de garder notre cœur ouvert en faisant confiance à la magie de la Vie. De fait, ce n'est qu'en gardant le cœur ouvert que nous pouvons être heureux.

La Vie est bonne : elle est faite d'une alternance de beaux moments et de moments plus difficiles, parce qu'elle a pour objectif de nous faire évoluer vers toujours plus d'Amour. Ces moments difficiles visent d'ailleurs à nous ouvrir un peu plus chaque fois le cœur vers davantage de compassion et d'Amour. Et nous savons bien que nous ne pouvons pas aimer quand notre cœur est fermé.

Pour guérir le cœur, il faut d'abord l'ouvrir.

C'est par l'ouverture du cœur que peuvent circuler la lumière et l'Amour.

Alternances

La vie est une succession d'alternances.

Nous alternons entre travail et repos. Entre plaisir et tristesse. Nous passons de l'état d'éveil à celui de sommeil. À nos efforts succède notre satisfaction.

Dans notre Vie, nous alternons entre voguer sur une mer calme et tenter de survivre au tsunami qui nous dévaste parfois.

Nous nous promenons entre l'errance, à chercher un sens à ce que nous vivons, et le courage de lui donner ce sens, justement.

Nous passons d'une situation de blocage, souvent remplie de souffrance, à une prise de conscience lumineuse, qui nous montre le chemin à prendre. Nous passons d'une phase d'apprentissage à celle d'intégration.

Nous alternons entre le besoin de parler, de nous dire, de nous affirmer, et celui de nous taire, de faire silence, de garder notre sang-froid.

Nous donnons et nous recevons, nous passons de la peur à l'Amour, nous disons non, puis nous disons oui, puis non à nouveau !

Quelle que soit notre situation actuelle, souvenons-nous que rien n'est immuable, que tout change, qu'après toute souffrance viendra une joie, que la Vie est faite d'alternances, indéfiniment. La Vie est comme la mer, constamment en mouvement, une alternance de vagues et de ressac, une succession infinie de marées.

Alors gardons courage, où que nous soyons ; profitons du moment présent, quoi que nous fassions, puisque tout passe…

Se fuir

Souvent sans nous en rendre compte, nous avons développé toutes sortes de mécanismes pour nous fuir nous-mêmes. La plupart de nos excès sont des mécanismes de fuite de nous-mêmes : trop travailler, trop manger, trop boire, trop consommer, trop dépenser, trop faire d'exercices, trop donner, trop aider, trop parler…

Comme si nous avions tellement peur de nous que nous n'osons pas être seuls avec nous-mêmes !

Nous avons peur du vide que nous craignons de découvrir si nous nous retrouvons seuls face à nous-mêmes, sans activités, sans passe-temps, sans excès pour nous fuir.

Et pourtant, ce n'est pas le vide qui nous attend lorsque nous nous faisons face : c'est le plein ! Le plein de nous, de ce que nous sommes devenus, depuis la dernière fois où nous nous sommes rencontrés. De nos besoins, nos désirs, nos rêves. Des choses qu'il nous reste à travailler, des zones d'ombre qu'il nous reste à éclairer, à aimer.

Aussi loin que nous allions, nous serons toujours avec nous. Malgré nos tentatives répétées et parfois désespérées, il est impossible de se fuir !

Peut-être pouvons-nous nous donner un premier rendez-vous avec nous-mêmes, pour nous rencontrer, pour apprendre à mieux nous connaître, pour faire disparaître cette peur d'être nous-mêmes, avec nous-mêmes, face à nous-mêmes.

Nous risquons alors de découvrir que nous pouvons être notre meilleur ami, notre meilleur soutien. Nous pourrons rencontrer une personne merveilleuse, unique, lumineuse : nous !

Au lieu de nous fuir, allons plutôt nous accueillir, dans ce que nous sommes aujourd'hui. Donnons-nous un peu plus d'Amour pour rassurer la part de nous qui a peur d'elle-même. Soyons bons pour cet enfant tapi en nous qui craint les représailles, alors qu'il ne mérite que d'être aimé.

Soyons pour nous-mêmes exactement tout ce que nous aimerions que les autres soient pour nous. Il est là, le secret de la paix intérieure.

Les 5 choix

Il nous arrive tous toutes sortes de situations difficiles devant lesquelles nous nous sentons pris au dépourvu.

Parfois les émotions prennent toute la place et nous n'arrivons pas à voir la lumière au bout du tunnel. En d'autres moments, c'est la colère qui l'emporte et qui nous fait prendre une décision peut-être impulsive que nous regretterons par la suite. Souvent la peur s'installe devant notre problème et nous paralyse à un point tel que nous ne savons plus quelle décision prendre pour retrouver notre bien-être. Et alors nous restons longtemps bloqués devant ce qui nous apparaît insurmontable. Parfois, le chagrin qui nous envahit n'en finit plus et nous sommes inconsolables, embourbés dans notre souffrance qui semble ne plus avoir de fin.

Quel est le choix que nous pouvons faire maintenant qui réduira notre souffrance ou qui nous rendra le plus heureux ?

Devant toute situation, quelle qu'elle soit, nous avons toujours 4 choix qui s'offrent à nous :

1. **La modifier**. Est-ce que nous pouvons changer quelque chose à cette situation ? Si oui, comment pouvons-nous nous y prendre ? Quelles sont les solutions qui s'offrent à nous pour améliorer ce que nous trouvons difficile actuellement. Pouvons-nous aller chercher de l'aide pour modifier la situation actuelle ?

2. **L'accepter.** Accepter ce qui est, ici, maintenant. Composer avec la situation, tenter d'en tirer les avantages ou les apprentissages, faire avec. C'est souvent ce choix que bien des gens trouvent le plus difficile à faire, comme si refuser d'accepter la situation pouvait la faire disparaître. C'est dans l'acceptation de certaines situations terribles que tous les possibles s'offrent à nous.

3. **Quitter.** Si nous ne pouvons pas accepter la situation actuelle, parce qu'elle heurte nos valeurs, parce que la douleur est trop grande, parce que nous ne pouvons nous faire à l'idée ; si nous ne pouvons pas l'améliorer, parce que ce n'est pas en notre pouvoir, parce que d'autres personnes sont impliquées et refusent de collaborer, parce que l'effort et le temps nous semblent trop considérables pour donner des résultats, alors l'autre choix qui s'offre à nous est de partir, de quitter cet environnement qui ne nous convient plus, qui nous blesse ou dans lequel nous ne pouvons pas être nous-mêmes. C'est un choix qui demande du courage, mais parfois c'est le seul valable.

4. **Ne rien faire**. Ni accepter, ni tenter de changer quoi que ce soit, ni quitter. Rester dans cette situation et croire que nous sommes une victime, en nous plaignant, en ressassant sans cesse les mêmes scénarios hypothétiques, en demandant conseil partout mais sans agir, en subissant ce qui nous semble insupportable, croyant, à tort, que nous n'y pouvons rien. Certaines personnes sont parfois si convaincues qu'il n'existe aucune solution à leurs problèmes qu'elles vont même refuser toutes celles qui leur sont proposées. Évidemment, ne rien faire est un choix, mais pas une solution.

Enfin, il existe un **CINQUIÈME** choix insoupçonné mais que nous oublions trop souvent d'utiliser, devant les situations difficiles. **Aimer**... Oh je sais, plusieurs réagiront en clamant que l'Amour ne peut tout régler, que leur situation est pire et ne peut être résolue par l'Amour. Et pourtant... Le pouvoir de l'Amour est phénoménal !

Lorsque je ne sais vraiment pas lequel des 4 choix précédents je dois prendre, soit parce que la situation me semble désespérée ou que je ne me sens pas en mesure de décider, envoyer de l'Amour aux personnes impliquées dans la situation, entourer d'Amour la situation et demander à la Vie de m'éclairer m'a toujours permis de trouver la meilleure attitude. Toujours. En envoyant sans cesse de l'Amour à la situation, aux autres, à moi, sans projeter de scénarios possibles, juste en me branchant sur l'Amour, je débranche ainsi mon ego, mes peurs, ma colère, mon chagrin, mes attentes. En priant l'Univers, je sais qu'une force plus grande que moi éclairera mon chemin. La Vie nous répond toujours. Et elle l'a toujours fait.

Alors, quelle que soit la situation à laquelle nous faisons face, nous avons toujours 5 choix. Ne désespérons jamais, n'abandonnons jamais, parce qu'il existe toujours le meilleur choix pour chacun d'entre nous.

Namasté !

L'éclaircie

Dans nos prises de conscience de ce que nous avons à comprendre et à modifier pour être plus heureux, il y a plusieurs étapes qui sont douloureuses. Nous aimerions que le tout se fasse dans la simplicité, dans la joie même, et certes pas dans la douleur, mais il semble qu'une partie du chemin pour s'éveiller à quelque chose de plus grand soit souvent cahoteuse.

Pour arriver à prendre conscience de notre blocage, il y a de nombreuses années parfois qui s'inscrivent dans nos expériences difficiles. En effet, c'est souvent l'épuisement de souffrir qui nous fait nous ouvrir à une prise de conscience. Quand ça suffit d'avoir mal en trébuchant toujours sur le même caillou, nous osons parfois regarder les choses différemment, ou aller chercher de l'aide pour ce faire, afin de nous dégager de ce qui fait mal. C'est la première douleur.

La deuxième étape qui n'est pas facile, c'est celle de la prise de conscience même. Alors que nous nous pensions plus « évolués » ou plus « avancés » que ça, nous constatons qu'un grand mur s'érige encore en face de nous, pour que nous finissions par nous en libérer. La prise de conscience aussi est un mélange de douleur et d'illumination : on comprend enfin, mais ciel que ça fait mal parfois !

Enfin, quand la prise de conscience est faite et que nous voyons ce que nous devons modifier, nous comprenons que nous devons aussi renoncer à certains comportements, à certains rôles, à certaines personnes parfois. C'est la troisième douleur. Lorsque nous en sommes à cette étape, nous aurions le goût de tout lâcher, de revenir en arrière, ou de continuer dans les mêmes scénarios habituels, tellement le changement qui semble être demandé nous fait peur, parce trop grand, trop rempli d'inconnu, de renoncements.

Et c'est justement ici qu'il faut continuer. Même si ça fait peur. Même si ça fait mal. Car c'est ici que se trouve notre libération d'une vieille cuirasse, d'une vieille blessure.

Bien sûr, nous préférerions tous que cette étape se fasse sans souffrance, et pourtant c'est celle qui nous demande le plus de courage. Le côté positif, c'est que chaque pas franchi dans cette étape du changement est un pas de géant vers un mieux-être. Chaque pas est un tout petit peu plus facile que le précédent. Et même si c'est souffrant, il faut continuer d'avancer, sans se décourager, car l'éclaircie est tout juste là, à quelques mètres de nous.

Les parfaits !

Ah que de gens se croient parfaits ! Ils posent des jugements sur les choses et les gens et sont convaincus d'avoir raison. Ils veulent que les choses se passent à leur façon, quand ils le veulent. Pour y arriver, ils sont prêts à contrôler tout ce qu'ils peuvent. Ils sont pleins de « il devrait » « elle ne devrait pas » « il faut » il ne faut pas » « ça ne se fait pas », etc. Ils savent mieux que les autres ce qu'ils feraient à leur place et prodiguent abondance de conseils et de recommandations, sur tous les tons possibles. Ils sont toujours mieux ou plus que les autres et se croient presque toujours dans leur droit. Nous connaissons tous des gens comme ça, non ?

Et nous en faisons partie !!

Eh oui ! Combien de fois cherchons-nous à avoir raison dans nos discussions avec les proches ? N'avons-nous pas tendance à vouloir contrôler les personnes et les événements pour que les choses soient faites à notre façon ? Nous jugeons et nous positionnons en experts dans la vie d'autrui, croyant savoir mieux qu'eux ce qu'ils devraient faire. Nous estimons que les autres n'ont pas le droit, ou ne devraient pas, faire ceci ou agir comme cela, comme si nous savions toujours quoi faire, en toutes circonstances ! Nous sommes capables d'observer ces comportements chez les autres mais nous avons beaucoup de résistance à les voir en nous-mêmes !

Nous n'oserions jamais affirmer que nous sommes parfaits, mais parfois nous agissons comme si nous croyons que nous le sommes ! Nous voudrions que la réalité soit conforme à nos désirs, alors que la Vie est ce qu'elle est, ni plus ni moins conforme à nos désirs ou à ceux des autres. Elle est, tout simplement. Et si nous acceptions qu'il en soit ainsi dans notre quotidien, si nous accueillions la Vie comme elle vient, sans tenter de la modeler à nos désirs, si nous acceptions les autres tels qu'ils sont, sans les vouloir parfaitement conformes à nos attentes, nous aurions sans doute beaucoup plus d'opportunités d'être heureux, puisque nous serions moins dans la résistance, moins dans le contrôle, moins dans la souffrance.

Nous serions dans l'Amour.

Et si nous nous acceptions tels que nous sommes, nous n'aurions pas ces attentes démesurées envers les autres pour qu'ils soient comme nous voudrions qu'ils soient, c'est-à-dire, ce que nous aimerions être nous-mêmes : parfaits !

Car en nous aimant, nous faisons de la place pour que les autres soient parfaitement ce qu'ils sont et qu'ils s'aiment eux-mêmes.

C'est l'Amour qui crée l'Amour ! Pas la recherche de la perfection !

Si nos sens pouvaient parler

Si nos oreilles pouvaient parler, elles nous diraient qu'elles veulent que nous prenions le temps de faire silence en nous pour entendre la douce musique du vent dans les arbres, la symphonie des rires d'enfants qui jouent, le gazouillis d'un bébé qui s'éveille à la Vie, les mots « je t'aime » murmurés à l'infini… Moins de bruits et de cacophonie, plus de douceur et d'harmonie.

Si nos yeux pouvaient se faire entendre, ils nous diraient qu'ils veulent voir toutes les beautés de ce monde, plus de couchers de soleil et d'arcs-en-ciel, plus de bonté humaine et de joie sur les visages des inconnus à qui nous tendons la main. Ils nous demanderaient d'apprendre à voir le positif en tout et d'arrêter de nous concentrer sur le négatif.

Si notre nez avait une voix, il nous demanderait d'écouter plus souvent notre senti, de nous attarder aux parfums des fleurs de notre jardin, de l'odeur de la terre au printemps, des feuilles mortes à l'automne, de l'air marin qui nous transporte ailleurs. Il nous demanderait d'éviter ce qui n'a pas de sens pour nous et de respirer à fond chaque moment qui passe.

Si notre goût avait plus de place, il nous dirait de savourer chaque petite bouchée de la Vie, minute après minute, de goûter aux joies du don de soi comme on goûte à notre mets favori, de prendre le temps de choisir et d'apprécier chaque élément que nous faisons entrer dans notre vie et dans notre corps. Il nous demanderait moins d'amertume et plus de saveurs.

Si nos mains pouvaient attirer notre attention, elles nous demanderaient de faire plus de câlins et de caresses, d'offrir des gestes de réconfort plus souvent, de tendre la main tant pour aider, pour soutenir que pour aimer. Elles souhaiteraient que nous ayons moins de gestes de violence et plus de gestes d'Amour.

Si notre sixième sens pouvait s'exprimer, il nous dirait d'écouter plus souvent notre intuition et moins notre mental, de faire confiance à ce qui vibre plus qu'à ce qui nous semble raisonnable, d'être en harmonie avec notre cœur plutôt qu'avec les directives de notre ego.

Si notre corps pouvait parler, il nous dirait de l'écouter quand il nous fait signe, de ne pas attendre d'avoir mal pour en prendre soin. De l'aimer, comme lui nous aime.

La Vie nous parle par tous nos sens. L'écoutons-nous vraiment ?

Se sentir utile

Pour beaucoup d'entre nous, le besoin de se sentir utile est essentiel à notre vie. Nous voulons sentir que nous faisons une différence, que nous sommes importants pour « quelqu'un », que nous comptons dans la vie de certaines personnes.

Le besoin de se sentir utile provient souvent du « besoin » d'être approuvé, vu, reconnu et validé. Évidemment, être utile, rendre service, aider, faire une différence justement, est un but fort noble et constitue, à mon avis, l'une des bases importantes de la cohérence de notre vie en société.

Il est important toutefois de faire une distinction entre « avoir BESOIN de SE SENTIR utile », et « avoir le GOÛT D'ÊTRE utile ». Le premier vient du besoin de notre ego d'avoir une identité propre à partir de ce que nous « faisons ». Il est souvent lié à une estime de soi plutôt faible qui nous amène à vouloir être tellement serviables, gentils, généreux, « utiles » que notre intention de départ n'est pas aligné avec l'Amour, mais avec un « besoin » de notre ego.

Nous croyons faussement que nous sommes une meilleure personne et que les autres nous aiment davantage, nous apprécient plus, si nous nous rendons utiles, serviables et disponibles. Nous nous retrouvons dans cette catégorie, immanquablement, si nous nous sentons frustrés parce que quelqu'un n'apprécie pas les efforts que nous mettons pour lui faire plaisir. C'est alors un signe que le besoin d'être apprécié l'emporte sur le besoin d'être utile. L'ego demeure insatisfait.

Tandis que « avoir le GOÛT d'ÊTRE utile » provient de l'espace d'Amour en soi, celui qui vient de notre cœur. Il vient de cet endroit où, nous aimant suffisamment pour nous sentir libres de tout, nous ayons le GOÛT d'aider, de rendre service, de faire une différence, d'être utiles. Sans attente, sans avoir besoin de reconnaissance. Juste "être" dans l'Amour. À partir de cet endroit en nous, ce n'est plus l'ego qui est satisfait quand nous sommes utiles, c'est notre âme qui est heureuse d'agir dans l'Amour. Parce que c'est sa mission.

Et ça, ça fait toute une différence !

Notre investissement dans nos relations

Que ce soit dans nos relations Amoureuses ou sociales, nous choisissons toujours ce que nous y mettons. Mais souvent nous le faisons inconsciemment. Parfois ce sont nos expériences antérieures qui nous font répéter le même type d'engagement ou d'évitement. Parfois ce sont nos peurs qui dictent ce que nous avons le goût d'y investir ou pas.

Dans certains cas, nous investissons du temps de qualité dans la relation. Dans d'autres cas, le temps est une denrée rare que nous consacrons à la relation seulement lorsqu'il n'y a rien de plus important qui occupe notre énergie.

Peut-être investissons-nous beaucoup dans ce qui cloche dans cette relation, mettant le focus sur les défauts de l'autre, nous posant en juges sur ses comportements, nous concentrant sur les reproches et les critiques. Dans ce cas, nous ne devrions pas nous étonner que la relation soit difficile, peu enrichissante et qu'elle se détériore petit à petit.

Peut-être investissons-nous plutôt dans la recherche du bon dans l'autre personne, nous concentrant sur l'Amour que nous lui portons, sur l'Amour que l'autre nous donne et laissons de côté tout ce qui n'est pas Amour. Dans ce cas, il va de soi que la relation en sera une de respect et d'harmonie, de tendresse et de plaisir.

Tout ce sur quoi nous focalisons dans une relation constitue notre investissement dans celle-ci. Notre retour sur investissement sera en ligne directe avec ce sur quoi nous portons notre attention.

Nous avons toujours le choix : soit nous nous concentrons à élever le côté positif de la relation, en étant pleins de gratitude envers l'autre personne, en soulignant ses qualités, son engagement, sa présence. Nous aurons alors à cœur d'injecter de l'Amour constamment dans le lien qui nous unit, pour que celui-ci soit toujours plus fort et plus solide.

Soit nous ne nous arrêtons qu'au côté négatif, imparfait de la relation, parlant sans cesse de ce qui nous irrite, des travers de l'autre, de nos difficultés ensemble, de la fragilité du lien entre nous.

Ce sont les choix de nous et de l'autre qui déterminent la durée de vie de la relation. Ce sont nos investissements qui en assurent la qualité. Et même si la relation se termine, il y a toujours de la place pour y mettre de l'Amour.

Mieux se connaître

À toutes les étapes de notre vie, nous pensons bien nous connaître. Et puis, les années passent et une nouvelle étape est à franchir et nous découvrons alors des aspects de nous que nous ne soupçonnions pas.

Parfois, lorsque nous sommes confrontés à une nouvelle problématique et que le chemin à prendre nous paraît obscur, nous réalisons que nous ignorons quoi faire car nous ne savons pas toujours exactement ce que nous voulons, signe que nous ne connaissons pas encore certains aspects de nous-mêmes.

Pourtant, si nous prenons le temps de lever les yeux et de regarder ce qui nous entoure, nous aurions une idée fort juste de ce que nous sommes en ce moment, de ce qu'il nous reste à améliorer, de nos enjeux actuels, des aspects où nous nous aimons moins, de nos zones d'ombre, de nos croyances.

En fait, toute notre vie actuelle reflète ce que nous croyons de la Vie. Là où nous avons l'impression de connaître un manque, que ce soit en Amour, au niveau matériel ou autre, il y a une croyance à défaire en nous qui dirige notre vie vers ces manques, alors que la Vie est toute abondance. Si nous vivons des difficultés professionnelles, quelles croyances erronées nous amènent à penser que ce doit être difficile au travail ou que nous devions tolérer une situation difficile ?

Ceux qui nous entourent sont le parfait reflet de qui nous sommes : s'il y a des gens négatifs autour de nous qui nous affectent, c'est peut-être qu'il y a une partie de nous qui n'a pas encore appris à voir le côté positif des choses. S'il y a des gens qui ne respectent pas nos limites dans notre entourage, c'est peut-être qu'il y a une partie de nous-mêmes qui n'a pas appris à mettre ses limites. Si certaines personnes nous blessent en se montrant indifférentes à ce que nous vivons, c'est peut-être qu'il y a quelque part en nous ce petit enfant qui ne se sent pas assez intéressant pour les autres.

Apprendre à mieux nous connaître nous permet de mieux nous aimer.

Ouvrons nos yeux, notre cœur et notre esprit et regardons autour de nous pour découvrir qui nous sommes en nous !

Comme tout part de nous ici maintenant, tout ce qui nous entoure ici maintenant est le reflet de nous. Que nous aimions ça ou non !

Où puis-je aimer mieux ?

Pour peu que nous soyons en démarche de développement personnel ou spirituel, nous souhaitons tous nous améliorer, devenir de meilleures personnes, diminuer le pouvoir de notre ego, faire preuve de plus d'Amour inconditionnel.

Mais notre volonté d'aimer les autres est facilement égratignée par les aléas de la Vie, par les petits travers des autres, par nos attentes, nos déceptions.

Si nous voulons vraiment apprendre à mieux aimer, nous pouvons nous demander chaque soir en faisant le bilan de notre journée : « Où aurais-je pu aimer mieux aujourd'hui ? » Nous pouvons aussi nous demander en tout moment de la journée : « Comment puis-je aimer mieux maintenant ? »

L'Amour inconditionnel est comme un muscle : il ne se développe qu'en l'utilisant souvent et en faisant les exercices appropriés !

Peut-être pourrions-nous être plus patients au volant et céder la place à cet automobiliste pressé en le bénissant pour ne pas qu'il cause d'accidents. Peut-être aurions-nous pu laisser passer cette personne en ligne à l'épicerie qui n'avait que quelques articles à payer dans ses bras.

Peut-être pourrions-nous nous pencher et prendre le temps d'écouter vraiment notre enfant nous raconter sa journée, en demeurant à sa hauteur. Nous aurions sans doute pu lâcher prise devant l'entêtement de notre ado face à une de nos nombreuses demandes. Nous pourrions appeler cette amie qui s'ennuie depuis que ses enfants sont partis et lui offrir quelques minutes de notre précieux temps.

Il est sans doute possible de prendre le temps de s'asseoir avec notre conjoint/e, notre collègue et de l'écouter nous raconter qui sa journée, qui sa fin de semaine.

Nous pourrions aussi nous abstenir de juger en voyant une personne ou en entendant une nouvelle dans les médias. Nous pouvons envoyer de l'Amour à notre ex dans sa fermeture plutôt que de lui en vouloir encore un peu plus. Nous aurions pu laisser passer cette remarque échappée en mauvaise blague de la part d'une connaissance sans nous en offusquer...

En tout moment, en tout lieu, il y a TOUJOURS de la place pour que nous aimions mieux.

Avoir raison

La plupart d'entre nous apprécions beaucoup lorsque les autres nous confirment que nous avons raison ! Que ce soit dans les choix que nous faisons, lors d'une discussion, lorsque nous tentons de convaincre quelqu'un, nous avons presque toujours une grande impression de satisfaction lorsque l'autre nous dit : « Oui, tu as raison ! »

Et pourtant, chaque fois, immanquablement, c'est notre ego qui est satisfait ! Il adore qu'on lui reconnaisse sa supériorité sur l'autre, son intelligence éprouvée, sa capacité de conviction aguerrie. Ce n'est pas nécessairement toujours mauvais en soi. C'est seulement que notre ego, ce n'est pas l'Amour ! Son besoin d'avoir raison n'est pas branché sur l'Amour, mais sur la peur. Car si on ne lui donne pas raison, l'ego est convaincu qu'il va mourir !

Lorsque nous cherchons à avoir raison, lorsque nous y tenons à tout prix, nous nous alignons directement sur le chemin de la souffrance. Car si l'autre ne nous reconnaît dans notre besoin d'avoir raison, nous souffrirons. Notre ego nous fera souffrir. Pas l'autre ! Parfois, ce besoin d'avoir raison est si fort en nous que nous irons même jusqu'à croire que notre vérité, qui à ce moment-là est un mensonge, deviendra LA vérité.

Ainsi, si nous jugeons une connaissance comme étant susceptible, nous verrons tout ce qu'elle fera comme étant la preuve de sa susceptibilité, quitte à déformer la réalité pour confirmer notre jugement. Si nous estimons que notre patron est un incompétent, observons comment notre ego fera tout pour ne voir que ses mauvaises décisions, allant même jusqu'à critiquer ses bonnes décisions et les qualifier de chances ou de suspectes. Si nous soupçonnons notre conjoint/e de se désintéresser de nous, nous interpréterons tout ce qu'il/elle fait comme étant une preuve de notre fausse croyance.

Notre ego modifie ainsi toutes les données que nos sens perçoivent pour se donner raison. C'est sa grande force. Mais elle est destructrice. Ce mode de fonctionnement nous éloigne des autres, crée constamment des conflits, brise les relations, et nous rend profondément malheureux.

Notre besoin d'avoir raison nous éloigne de l'Amour. Toujours.

Alors la prochaine fois que nous nous surprendrons à vouloir avoir raison, arrêtons-nous sur-le-champ, et demandons-nous ce que nous ferions si nous étions branchés sur l'Amour que nous portons dans notre cœur. Et faisons-le !

L'agressivité

Je suis toujours estomaquée par le niveau élevé d'agressivité que suscitent parfois les textes qui portent sur l'Amour, le pardon, l'ouverture du cœur. Comme si de vieilles ombres devaient attaquer le côté lumineux de l'Amour par peur d'être exposées à trop de lumière...

Choisir de ne pas répliquer et de se centrer encore plus sur l'Amour est sans doute la meilleure attitude que nous puissions adopter devant tant de jugements gratuits, essentiellement basés sur la peur et la résistance à la Vie.

Ça ne signifie pas que nous devions rester à portée de tir de ces gens agressifs. Au contraire, il vaut mieux s'en protéger si nous voulons rester dans l'Amour. Mais nous n'avons pas à les détester pour autant. Être la cible de jugements à l'emporte-pièce, se faire prêter de mauvaises intentions, voir l'autre faire preuve d'une évidente mauvaise foi et parfois d'une flagrante méchanceté gratuite, devraient nous inciter à éviter ce genre de situations et de personnes, à les fuir si on peut, sinon à leur faire face avec courage, si la situation nous y oblige.

Mais répondre à l'agressivité, aux attaques, aux coups bas par encore plus d'agressivité, par des justifications, par le besoin de faire la preuve de la noblesse de nos intentions, ne réglera rien. Au contraire, cela ne fera qu'animer le débat, détériorer la relation, envenimer la discussion et finir en conflit. C'est souvent ainsi que naissent les guerres...

Rien ne nous empêche de rester dans l'Amour, l'Amour de nous-mêmes, de la Vie, des autres, même de ces personnes qui semblent manquer d'Amour. Les jugements de ces personnes devraient nous laisser neutres, comme l'eau qui coule sur le dos d'un canard.

Nous pouvons peut-être aussi en profiter pour voir si ce que ces accusations portent ne trouve pas un quelconque écho en nous, comme une partie de nous qui vit dans la peur à notre insu et qui demande à être guérie. L'autre deviendra alors un révélateur de la zone où nous devrons mettre encore plus d'Amour et de lumière en nous.

Rester dans l'Amour demande une vigilance de chaque instant. La Vie nous teste parfois : ne la décevons pas !

Le pouvoir de nos pensées

La plupart d'entre nous avons déjà entendu parler du pouvoir de nos pensées. Nous savons sans doute que nous créons notre vie à partir de nos pensées, de nos croyances.

Et pourtant, nous continuons de focaliser sur le négatif, de juger les autres, de nous apitoyer sur nous-mêmes, de parler de nos maladies, de nos problèmes, du mauvais caractère de notre conjoint, des soucis que nous créent nos enfants, nos parents...

Tout ce sur quoi nous mettons notre attention grandit et prend de l'ampleur ! Toujours ! C'est ce que nous continuerons de vivre, tant et aussi longtemps que nous ne changerons pas notre mode de pensées.

Si nous parlons sans cesse de nos maladies, nous continuerons d'attirer la maladie à nous, puisque nous en faisons notre réalité. La guérison ne peut être au rendez-vous si nous nous concentrons sur la maladie.

Si nous pensons constamment à nos problèmes de couple, nous continuerons de vivre dans le conflit et la dissidence avec notre conjoint puisque nous portons notre attention sur ce point. Nous verrons tout ce qui nous irrite chez l'autre et ressasserons sans cesse les mêmes reproches, les mêmes remarques, les mêmes discussions. L'harmonie n'a pas de place pour s'installer quand nous ne pensons qu'aux conflits.

Si nous nous préoccupons constamment de notre manque d'argent, c'est exactement ce que nous continuerons de créer pour nous : le manque d'argent. L'abondance n'arrive dans notre vie que lorsqu'on lui fait de la place dans nos pensées et nos croyances.

Nous devenons ce à quoi nous pensons. Notre vie en ce moment même est le parfait reflet de nos croyances actuelles et de nos choix antérieurs.

Si nous voulons améliorer notre vie, nous devons absolument changer notre manière de penser. Concentrons-nous sur ce que nous voulons attirer dans notre vie. Faisons-lui de la place surtout. Évitons les pensées négatives, les jugements, les blâmes. Mettons notre attention sur le positif, le beau, l'harmonie, l'abondance, l'Amour.

Enlevons les mauvaises herbes de notre jardin. Nous avons toujours le choix de ce que nous voulons y faire pousser.

Semons uniquement ce que nous voulons récolter.

Le courage de la franchise

Si nous tenons à une relation en particulier, qu'elle soit Amoureuse ou d'amitié, nous ferons beaucoup de choses pour la garder vivante et en santé.

Car s'il est un aspect essentiel pour que toute relation puisse s'épanouir dans l'Amour ou l'amitié, c'est bien d'avoir le courage de la franchise.

Le courage de dire ce qui nous déplait, sans accuser l'autre. Le courage d'exprimer nos besoins, sans les faire assumer par l'autre. Le courage de se confier, sans attendre que l'autre règle nos problèmes. Le courage de faire des mises au point délicates, parce que nous tenons plus à la relation qu'à notre image.

En effet, nous faisons preuve de courage lorsque nous risquons la relation pour faire entendre notre authenticité. Lorsque nous osons dire des choses difficiles qui peuvent peut-être fâcher l'autre mais qui nous semblent essentielles pour que cette relation demeure saine et vraie. Nous avons assez d'Amour en nous, pour nous et pour l'autre, pour que toute zone d'ombre soit éclairée par notre Amour.

Et si d'aventure l'autre faisait preuve de fermeture face à notre ouverture, alors il nous revient d'évaluer si nous désirons conserver dans notre vie une relation qui ne peut nous accepter dans notre entièreté.

Le courage de la franchise, dans l'Amour vrai comme dans l'amitié véritable, crée la place nécessaire pour toutes les facettes de l'autre et les nôtres, même celles qui semblent plus difficiles à harmoniser.

Car de nos différences jaillit la complémentarité !

S'inventer des histoires

La plupart des croyances que nous entretenons dans notre esprit sont des mensonges.

Nous souffrons à cause de nos fausses croyances. Nos blessures, nos interprétations, nos jugements, nos ruminations du passé ou du conditionnel rendent difficile, voire même parfois impossible de conjuguer notre vie au présent.

Nous sommes prompts à ressasser le passé, à ramener des blessures antérieures, souvent inconsciemment, pour interpréter ou justifier notre situation à travers des lunettes déformantes.

Nous utilisons abondamment le conditionnel pour nous créer une histoire parallèle, à coups de « si seulement », « j'aurais donc dû », « il n'aurait pas fallu » « ça n'aurait pas dû se produire ainsi » et autres conditionnements basés sur des attentes qui souvent guident notre vie sans que nous nous en rendions compte.

Nous anticipons des scénarios dans le futur qui n'ont souvent que peu de connexion avec la réalité, mais davantage avec nos peurs, nos doutes, notre image de nous-mêmes.

Nous nous inventons constamment des histoires, soit pour accuser, soit pour nous justifier.

Sortir de ce pattern n'est pas une mince tâche. Nous devons nous rappeler que notre Vie doit se conjuguer au présent. Tout se joue ici, maintenant. Pas dans le passé, pas dans le conditionnel, pas dans le futur. Ici, maintenant.

C'est en nous recentrant sur le moment présent, plutôt que sur nos histoires, en nous recentrant sur l'Amour, plutôt que sur des batailles inutiles, que nous pourrons guérir et avancer.

C'est en étant clair sur ce que nous voulons, maintenant, à cet instant précis, que nous pourrons choisir en fonction des besoins apaisants de notre âme plutôt que de ceux, douloureux, de notre ego.

Apprendre à s'aimer, c'est aussi apprendre à différencier quand nous sommes authentiques avec nous-mêmes et quand nous nous créons des histoires et ce, sans nous juger.

S'aimer, c'est sortir de nos scénarios pour entrer dans notre Vie. La vraie.

Tout dire ou dire l'important ?

La franchise est toujours utile et c'est le choix que nous devrions faire presqu'en toutes circonstances. Toutefois, il convient d'apporter certaines nuances.

Être francs, cela ne signifie pas que nous disions n'importe quoi, n'importe comment et n'importe quand à l'autre. Dans une relation d'amitié, en particulier, la franchise est essentielle pour garder propre le lien qui nous unit à l'autre. C'est donc sur ce qui touche la nature de notre lien commun que nous nous devons de faire preuve de franchise. Et en employant le « je » plutôt qu'en accusant l'autre. Ce qui peut nuire au maintien du lien de la relation doit être abordé avec franchise.

Tout ce que l'autre fait de sa vie en dehors de notre relation ne nous regarde pas ! Dans ces circonstances, nous n'avons pas à lui dire ce que nous pensons des décisions qu'il prend à l'extérieur de notre relation dans sa vie privée ou professionnelle, à moins qu'il ne nous le demande expressément ou qu'il y ait un réel danger dont nous voulons le prévenir. Nous n'avons pas à juger de ses choix même s'ils ne sont pas les nôtres. Si ses choix heurtent nos valeurs, il nous faudra réfléchir en nous à savoir si cette confrontation de valeurs nécessite une mise au point avec l'autre, si elle risque de nuire au lien d'amitié.

Nous n'avons pas à convaincre qui que ce soit de quoi que ce soit. Nous n'avons pas à aviser l'autre que nous continuons de lui envoyer de l'Amour même quand la relation est terminée. Nous n'avons pas à faire comprendre nos choix, nos réflexions à l'autre. Toute cette énergie dépensée à tenter de convaincre ou de faire comprendre est précisément l'énergie dont nous avons besoin nous-mêmes pour prendre soin de notre propre évolution. Nous évoluons à notre rythme. L'autre aussi.

Échangeons nos points de vue, mais ne cherchons pas à convaincre. Vouloir que l'autre comprenne est une bataille de notre ego pour se valoriser et avoir raison. Cela n'apporte pas de positif à la relation. Le respect de l'autre est essentiel dans toute relation. Surtout dans la relation que nous avons avec nous-mêmes.

Nous pouvons accompagner l'autre dans son cheminement mais nous n'avons pas à lui dire quoi faire. Un conseil doit toujours être sollicité par l'autre et donné avec Amour pour être vraiment aidant. Sinon, ce sont des coups d'épée dans l'eau qui nuisent à la relation plutôt que de l'enrichir.

Faire comme si

Lorsque nous cherchons à nous améliorer, à corriger certaines choses à nous parce que nous avons le goût de devenir une meilleure version de nous-mêmes, nous bloquons parfois sur certains défis plus résistants que d'autres.

Devant certains obstacles, certaines difficultés qui nous semblent plus importantes, nous ne savons pas toujours comment faire pour y arriver. Nous voulons nous délester de ce qui nous nuit, ou nous voulons surpasser ce problème, mais nos tentatives demeurent vaines, nos peurs continuent de nous dominer ou nous ignorons vraiment comment nous y prendre.

Trois trucs simples peuvent nous y aider.

Le premier est de FAIRE COMME SI. Comment ferions-nous ce changement si nous n'avions pas cette peur ? Comment oserions-nous nous montrer courageux si nous étions plus confiants ? Faisons comme si nous l'étions. C'est sensiblement la méthode de l'immersion anglaise à l'école : on nous parle en anglais comme si nous comprenions l'anglais, jusqu'à ce qu'éventuellement, nous en venions effectivement à comprendre ce qui nous est dit. On n'arrive pas à trouver comment régler un petit différend ? Faisons comme s'il était réglé ! Le cerveau ne fait pas la différence et éventuellement, la solution apparaîtra d'elle-même ! Ce n'est pas de la pensée magique : c'est scientifiquement prouvé ! Ce n'est pas non plus un mensonge, puisque nous sommes conscients de faire comme si afin d'en arriver à créer cette réalité. C'est un mode d'apprentissage, au même titre que lorsque nous apprenons à faire de la poterie, nous nous pratiquons comme si nous pouvions réaliser un chef d'œuvre ! N'est-ce pas ce que nous faisons chaque fois que nous sommes en situation d'apprentissage et que nous nous pratiquons à « faire comme si » nous maîtrisions la chose que nous apprenons ?

Dans d'autres cas, une technique apparentée peut s'avérer fort utile lorsque la difficulté à surmonter nous demande du courage ou de l'audace : c'est la TECHNIQUE DU HÉROS : que ferait notre héros à notre place ? Ou que ferait quelqu'un que nous connaissons qui maîtrise ce genre de situation ? Cela nous permet souvent d'arriver avec la bonne solution, la bonne attitude et surtout la possibilité de réussir, puisque ce n'est pas insurmontable.

Enfin, la troisième possibilité, c'est de se demander ce QUE FERAIT L'AMOUR à notre place, ou une personne que nous admirons pour l'Amour qu'elle incarne ? Que nous dirait-elle ? Que ferait-elle ? Comment agirait-elle ? Alors adoptons ce comportement : il ne peut jamais nous induire en erreur.

Ces trucs s'appliquent à beaucoup de situations, mais pas nécessairement à toutes : il s'en trouvera peut-être des pires, des plus graves. Mais pour la majeure partie de nos défis, accepter de voir la situation d'un autre point de vue, d'envisager des solutions qui nous sortent de nos rigidités mentales habituelles crée souvent l'étincelle qui rallume la flamme intérieure de notre évolution.

Et si on essayait ?

Ça s'arrête à nous !

Une des plus grandes motivations pour soigner nos blessures, améliorer un trait de caractère ou corriger ce qui nous fait du mal est de savoir qu'en prenant soin de notre problème, on risque moins de le transférer à nos enfants.

C'est particulièrement efficace dans le cas de certains traits ou certains évènements qui se transmettent de génération en génération. Notre mère l'a vécu avant nous, sa propre mère aussi et nous le vivons à notre tour.

Mais en travaillant sur cet aspect, en aidant à notre guérison pour nous-mêmes, nous évitons que nos enfants revivent le même drame. Ou ils le vivront beaucoup moins intensément, de par nos efforts à soigner cette blessure. C'est ce qu'on appelle les blessures transgénérationnelles.

Ainsi, lorsque parfois nous avons l'impression que le problème nous semble insurmontable, ou que l'effort à fournir pour nous en sortir nous semble presque inhumain, rappelons-nous que nous ne soignons pas nos blessures seulement pour nous, nous le faisons aussi pour nos enfants et pour les générations futures.

Cela donne un sens à ce que nous vivons, une motivation profonde à traverser cette épreuve et le goût de dire : « ça s'arrête à moi ! »

Le bilan

Plusieurs d'entre nous souhaitons connaître le succès, la reconnaissance, la fortune, parfois même la célébrité. Nous voulons être reconnus pour ce que nous faisons, pour ce que nous réalisons, pour notre position dans l'échelle sociale ou publique, parfois.

Certains ont envie d'aller faire tourner des ballons sur leur nez au bout du monde. Il semble parfois que nous commencions à nous reconnaître seulement quand nous sommes reconnus par le regard des autres.

Et pourtant, au bout de la route, ce ne sont pas nos succès qui auront compté le plus. Ni notre richesse, ni notre renommée.

Au final, ce sera l'empreinte que nous aurons laissé dans le cœur des gens que nous aurons côtoyés qui comptera vraiment.

Le bilan tiendra compte de la différence que nous aurons faite dans la vie des gens autour de nous et du chemin que nous aurons parcouru depuis notre naissance pour devenir de meilleurs êtres humains.

En fait, le bilan tiendra compte de l'Amour que nous aurons donné, aux autres comme à nous-mêmes, et de l'Amour que nous aurons accepté de recevoir, des autres comme de la Vie.

Chaque jour compte. Ne laissons pas passer une seule journée sans aimer.

« À quoi bon ? »

Lorsque nous avons décidé de changer certaines choses en nous, bien souvent nous aimerions tant que les autres changent aussi ! En même temps et de la même manière que nous !

Nous amorçons ces changements après un long cheminement, et nous voudrions que les autres comprennent dans la minute où nous avons compris pour nous-mêmes, oubliant que leur cheminement n'est pas le nôtre, leurs enjeux ne sont pas les nôtres, leurs apprentissages non plus.

Combien de fois disons-nous que si l'autre ne change pas, ça ne donnera pas grand-chose de changer nous-mêmes. Ainsi, si nous améliorons notre communication à notre bout de la relation, nous croyons parfois que cela ne portera pas beaucoup de fruits si l'autre ne change pas et n'améliore pas lui aussi sa communication à l'autre bout de la relation. Alors à quoi bon ?

Si nous réglons par exemple une blessure que nous avons envers un parent, trop souvent nous attendons que le parent aussi fasse son bout de chemin et vienne nous rejoindre à mi-chemin pour nous demander pardon ou pour améliorer la relation. Comme les autres ne cheminent pas à notre rythme, ni nous au leur, il est très rare que tout le monde comprenne la même chose en même temps ! Pourtant, certains vont dire encore : « À quoi bon ? Même si moi je fais mon bout mais pas l'autre, ça ne donnera rien ! »

Si nous pensions tous ainsi, aucun conflit ne se réglerait, aucune blessure ne cicatriserait, aucune relation ne s'améliorerait et notre monde demeurerait pris dans ses écueils habituels. Si nous attendons que les autres changent pour changer, nous, alors nous n'avons pas bien compris ! Arrêtons de nous trouver des excuses ! Nous n'avons aucun pouvoir sur les autres, nous n'en avons que sur nous-mêmes. Ce que l'autre fait de ses blessures et de ses scénarios ne nous appartient pas. Nous sommes sur terre pour faire notre bout de chemin, nous d'abord. Pas attendre que l'autre le fasse avant d'agir, pas non plus pour lui dire quoi faire.

Nous ne sommes pas ici pour être dans le donnant-donnant. Nous sommes ici pour APPRENDRE À AIMER. Même ceux qui ne cheminent pas à la vitesse que nous voudrions qu'ils le fassent.

C'est à nous de travailler sur nous, peu importe ce que l'autre fait. Nous ne sommes pas responsables des idées, des choix, des décisions, du malheur ni même du bonheur des autres. Mais nous sommes responsables de nos idées, de nos choix, de nos décisions, de notre malheur et de notre bonheur.

Nous voulons changer le monde ? Changeons-nous d'abord ! Cessons d'attendre que les autres changent et prenons notre vie en mains !

10 critères de bases pour être heureux

Nous aspirons tous à être heureux, dans les différentes sphères de notre vie. Mais trop souvent, nous attendons après le bonheur. Nous serons heureux « quand nous aurons rencontré l'homme ou la femme idéale, quand nos problèmes seront réglés, quand nous aurons plus d'argent et moins de soucis... »

Et puis on jour, nous réalisons que finalement, le bonheur ne s'achète pas et ne dépend pas des autres.

Il ne dépend que de NOUS.

Le bonheur n'est pas une destination, c'est une disposition d'esprit.

Voici 10 critères de base essentiels pour vivre heureux.

1. LE VOULOIR !

Étonnamment, bien que nous disions presque tous souhaiter être heureux, certains font rarement des gestes concrets pour l'être. Nous reconnaissons-nous le droit au bonheur ? Croyons-nous le mériter, car cela changera notre vie à jamais ?

2. S'éloigner du négatif et s'entourer de positif

Tant que nous conservons dans notre environnement immédiat des personnes négatives ou toxiques, il nous sera difficile d'être heureux. Le négatif attire le négatif alors que le positif attire le positif. Choisissons donc avec soin ceux qui nous entourent et ce que nous laissons entrer dans nos pensées.

3. S'aimer

Il n'existe pas de gens heureux qui ne s'aiment pas, qui n'ont pas une certaine estime de soi. C'est en apprenant à nous aimer que nous nous accordons le droit d'être heureux.

4. Pardonner

On ne peut pas cultiver du négatif d'une main, en gardant rancune envers quelqu'un, et récolter du positif dans l'autre main. Pardonner aux autres, se pardonner à soi font partie des bases d'une vie heureuse.

5. Avoir de la gratitude

Savoir reconnaître, apprécier et remercier pour tout ce que nous vivons, ce que nous avons, nous remplit de gratitude. La gratitude attire l'abondance, que nous y croyons ou pas.

6. Vivre dans le moment présent

Le bonheur ne se conjugue jamais au passé, ni au futur. Notre seule opportunité de bonheur est ici maintenant, dans le moment présent. En vivant dans le présent, apprécions davantage les petites joies que la Vie met sur notre chemin

7. Sortir de notre zone de confort

Oser essayer de nouvelles choses, donner de l'expansion à nos pensées et à nos limites agrandit considérablement notre zone de bonheur. En surmontant nos peurs pour sortir de notre confort, nous apprenons à nous connaître davantage et à vivre plus intensément.

8. Écouter sa petite voix intérieure

Elle nous parle toujours cette petite voix. C'est quand nous ne l'écoutons pas que nous nous éloignons le plus de ce que nous sommes vraiment. En l'écoutant, nous nous rapprochons de notre enfant intérieur, de l'appel de notre âme à révéler notre vraie nature, pour être plus pleinement nous-mêmes.

9. Être ouvert à la Vie

Les épreuves, les problèmes, les chagrins et les deuils font partie de la Vie. Lorsque nous y résistons, nous alimentons notre souffrance. En les voyant comme des étapes de Vie essentielles à notre évolution, nous pouvons mieux faire face à la réalité. Accepter que tout est parfait est peut-être difficile, mais c'est un pas de géant vers la paix intérieure.

10. Aider, faire le bien

Aider son prochain, faire le bien constitue un des éléments qui procure des moments de bonheur qui durent le plus longtemps ! C'est en donnant, en aimant, en prenant soin des autres que nous nourrissons nos aptitudes au bonheur. En prime, nous contribuons au bien-être de l'autre !

Et vous ? Quels sont vos critères de base pour être heureux ?

C'est aujourd'hui !

C'est aujourd'hui que nous pouvons décider de nous prendre en main.

C'est aujourd'hui que nous pouvons accepter de prendre la responsabilité de notre vie, de nos réactions, de nos décisions et de nos actions.

C'est aujourd'hui que nous pouvons dire « je t'aime » à tous ceux qui nous sont chers, que nous pouvons dire « tu comptes pour moi » à ceux que nous côtoyons.

C'est aujourd'hui que nous pouvons commencer à sourire et à dire bonjour à tous ceux que nous croisons.

C'est aujourd'hui que nous pouvons commencer à nous aimer pour de vrai, à faire de meilleurs choix pour nous, à nous accepter tels que nous sommes sans nous critiquer, nous sentir coupables ou nous blâmer.

C'est aujourd'hui que nous arrêtons de juger les autres et de nous juger.

C'est aujourd'hui que nous nous donnons comme mission de faire le bien autour de nous et de faire une différence dans la vie des autres.

Arrêtons de reporter à demain, de nous trouver des excuses pour ne pas agir, de dire « c'est trop difficile » ou « par où commencer », de blâmer les autres pour notre inconfort. La procrastination et la peur nous limitent depuis trop longtemps.

C'est aujourd'hui que nous faisons tous ensemble le premier pas, ou le millionième, pour être heureux.

Aujourd'hui, prenons un engagement ferme envers nous que nous ferons à partir de maintenant tous nous choix en fonction de notre bonheur.

Il peut y avoir un avant aujourd'hui et un après aujourd'hui.

C'est aujourd'hui le premier jour du reste de notre Vie.

C'est aujourd'hui que nous apprenons à danser avec la Vie

C'est aujourd'hui que nous devenons Porteurs d'espoir!

Remerciements

Merci d'abord à vous chères lectrices et chers lecteurs de mes livres et de ma page d'auteure Facebook : votre intérêt indéfectible envers mes écrits me donnent des ailes pour faire ce que j'aime le plus au monde : Écrire ! Merci à toutes les personnes que j'ai eu le bonheur de rencontrer depuis la sortie de mon premier livre « Apprendre à s'aimer un jour à la fois » qui m'a menée aux 4 coins du monde. Chacune de nos rencontres est un bijou cher à mon cœur dont je me souviendrai toujours.

Merci à mes enfants Olivier et Samuel, qui continuent patiemment de m'enseigner le plus beau rôle de ma vie ; celui d'être leur mère ! Le fait que vous soyez dans ma vie est un immense privilège pour lequel j'ai énormément de gratitude et d'humilité ! Je vous aime !

Merci à ma grande famille aux noms variés : Gagnon, Morissette, Pomarede, Desrochers, Côté, Duquet... Notre histoire est aussi vaste que l'Amour que j'ai pour vous.

Merci à mon amie Francine St-Pierre qui a accepté de faire la mise en page de ce livre en un temps record et avec une qualité exceptionnelle. Je n'y serais pas arrivée sans toi! Ta manière de vivre est une grande source d'inspiration pour moi. J'irai certainement te visiter dans ton nouveau pays d'adoption ! Merci aussi à Richard Ouellet qui a relevé avec brio le défi d'illustrer ce livre dans un délai aussi court (24 heures!). Merci à Pierre Giguère, dont le réseau de contacts est aussi grand que le cœur!

Merci à mes amies et amis, Nathalie Desbiens, Dominique Allaire, Johanne Côté, Édith Noreau, Élise Gagnon, Nancy Doyon, Sonia Charland, Sylvie PetitPas, Valérie Leclerc, Carole Rinaldi, Ludivine Lemarié, Rémi Tremblay, Jean-Pierre Gagné, François Lemay, Alexandre Fournier, Sylvain Boudreau, Rock Boulianne et tous ceux et celles que j'oublie (désolée !) qui, par votre soutien, votre authenticité et votre amitié, m'accompagnez sur le chemin de la Vie. Quel bonheur de cheminer à vos côtés ! Un merci tout particulier et plein d'affection à mon amie Jocelyne Ferfer dont l'entrée dans ma vie sur une immense vague de bonté et de générosité a apporté tant de bénédictions pour moi et les miens. Je te suis infiniment reconnaissante.

Merci à mes clientes et clients : si vous saviez à quel ; point je suis privilégiée de vous côtoyer, vous m'enseignez beaucoup plus que ce que vous croyez. Merci à mes collègues de travail qui font de chaque journée un immense plaisir de travailler avec eux ! Merci à la direction de www.969fm.ca, pour m'offrir le bonheur d'animer chaque semaine mon émission de radio **Porteurs d'espoir**. Merci à Wayne Dyer qui, le premier, m'a inspiré et m'inspirera toujours.

Enfin, un grand merci aux personnes qui m'ont compliqué la vie : à votre insu, vous m'avez permis de grandir et de devenir une meilleure personne. Parfois nos maîtres revêtent des déguisements bizarres pour passer inaperçus ! Ils n'en sont pas moins de grands enseignants pour autant.

Toute personne sur notre chemin est un enseignant, qu'il nous fasse rire ou pleurer. Pour peu que nous acceptions de le reconnaître !

Et grâce à ces personnes, nous devenons des **PORTEURS D'ESPOIR** !

Diane xx

Pour me rejoindre, pour prendre un rendez-vous avec moi pour du coaching, pour une conférence ou pour toute autre information, rejoignez moi à :

diane@dianegagnon.com
www.dianegagnon.com

Table des matières

www.ingramcontent.com/pod-product-compliance
Lightning Source LLC
Chambersburg PA
CBHW061732120626
46550CB00005B/1779